Stephan D

Handbuch der Geisterjagd
Band I
- Grundlagen -

Handbuch der GEISTERJAGD

Band I

- Grundlagen -

Stephan Duerr

Bibliografische Information der Deutschen Nationalbibliothek
Die Deutsche Nationalbibliothek verzeichnet diese Publikation in der Deutschen Nationalbibliografie; detailliert bibliographische Daten sind im Internet über http://d-nb.de abrufbar.

Stephan Duerr
c/o skriptspektor e. U.
Robert-Preußler-Straße 13 / TOP 1
5020 Salzburg
AT – Österreich
stephan-duerr@eclipso.at

Druck: epubli – ein Service der neopubli GmbH, Berlin

INHALT

VORWORT

Sinn und Zweck dieses Buches ist es, Sie mit den Grundlagen der paranormalen Ermittlung vertraut zu machen. Es existieren viele Mittel und Methoden, die derzeit von einer Vielzahl von Forschern angewendet werden; einige sind vielleicht sogar effektiver als die anderen. Eines ist jedoch sicher: Wir alle werden auf diesem Gebiet der Forschung täglich dazulernen und uns weiterentwickeln.

Diese Methode ist nicht die einzige Art zu untersuchen oder zu recherchieren, doch es ist eine Vorgehensweise, die ich seit einigen Jahren anwende und die gut zu funktionieren scheint. Ich habe einige Arbeitsweisen auf der Grundlage verschiedener Schulungen und der Zusammenarbeit mit anderen Ermittlern entwickelt. Von einigen habe ich mehr übernommen als von den Anderen, aber sie hatten alle in gewisser Weise einen Einfluss auf mich. Ich habe auch schon Ermittler gesehen, die einfach nur einige Sendungen auf dem Sender TLC gesehen haben und dann meinten, sie wüssten, was sie tun. Sie, lieber Leser, werden hoffentlich nicht zu den Letzteren gehören. Allein die Tatsache, dass Sie dieses Buch in die Hand genommen haben, ist ein Zeichen dafür, dass Sie versuchen, einen richtigen Weg zu finden um zu recherchieren, oder schlichtweg gesagt, einen zu finden, der für Sie am besten geeignet ist.

Ich untersuche das Paranormale seit den späten achtziger Jahren. Mit dem Auftauchen des Internets war ich in der Lage, tiefer in diese Materie einzutauchen, was schließlich dazu führte, mich einer Gruppe von Ermittlern anzuschließen. Diese erste Gruppe, der ich beitrat, hatte einen wesentlichen Einfluss darauf, wie ich an die Thematik des Paranormalen herangehe.

Nach einigen Jahren in diesem Team beschloss ich, auszusteigen und meine eigenen Leute um mich zu scharen. Dies war tatsächlich ein echter Augenöffner. Ich hatte keine Ahnung, was mich erwartete oder wie ich überhaupt beginnen sollte. Dies führte zu diesem neuen „How to"-Projekt für die Forschungsarbeit zu diesem Thema. Diese Gruppe, die

Diese Gruppe, die ich ins Leben gerufen habe, besteht heute noch und ich habe sie kürzlich mit dem Ziel verlassen, mich auf die Fertigstellung dieses Projekts zu konzentrieren. Zudem verfolge ich einige neue Bestrebungen auf dem Gebiet des Paranormalen.

Als ich meine frühere Gruppe gründete, musste ich Mittel und Methoden der Arbeitsweise und der Untersuchung erarbeiten, von denen ich damals nicht wusste, dass sie die Grundlage für dieses Buch bilden würden. Nachdem ich jahrelang Menschen ausgebildet und ihnen die hier beschriebenen Methoden gezeigt hatte, schlugen viele von ihnen vor, dass ich sie zu einem Buch zusammenstelle, von dem andere lernen können. Mit diesem Buch halten Sie die Ergebnisse dieser Arbeit in Händen.

Egal, ob Sie gerade erst anfangen oder ob Sie ein erfahrener Ermittler sind, es könnten einige Dinge enthalten sein, die Ihnen vielleicht noch nicht bewusst waren. Ich hoffe, dass Sie alle etwas aus diesem Buch lernen können, so wie ich auch immer mehr von anderen lerne.

Stephan Duerr

KAPITEL 1

Wie werde ich paranormaler Ermittler?

- Aller Anfang ist schwer
- Was Sie vorher noch wissen sollten
- Safety first
- Vor Ort
- Organisatorische Fähigkeiten und Kenntnisse
- Voraussetzungen
- Wissen ist Macht

1

Wie werde ich paranormaler Ermittler?

Fangen wir damit an, dass Sie nach der Lektüre dieses Buches auf dem besten Weg sind, ein paranormaler Ermittler zu werden. Natürlich wird Sie erst die praktische Erfahrung zu einem wirklich guten Ermittler machen, und dies wird sicherlich auch mit der Zeit geschehen.

Es gibt naturgemäß sehr viele Möglichkeiten zur Erreichung eines Ziels; Sie müssen nur herausfinden, welche für Sie am besten geeignet ist. Ist alles, was ich hier beschreibe, der einzige Weg oder sogar die absolute Antwort auf alles? Unmissverständlich Nein! Wie für alles im Leben gibt es auch für Untersuchungstechniken und Protokollierungsmethoden zahlreiche unterschiedliche Ansätze. Doch mit den wichtigsten Punkten, die ich Ihnen hier erläutern werde, können Sie beginnen, eine solide Grundlage aufzubauen und sich sicher in eine positive Richtung zu bewegen.

Doch bevor Sie jetzt aufspringen und mit einem Diktiergerät und einer Kamera in der Hand losrennen, sollten Sie sich ein paar wichtige Fragen stellen:

- Warum will ich ein paranormaler Ermittler werden?
- Was will ich dabei lernen?
- Mache ich das nur, um einmal einen Geist zu sehen oder will ich erfahren und lernen, was da eigentlich passiert?
- Möchte ich Menschen helfen, die Hilfe bei Problemen mit paranormalen Erscheinungen benötigen?

Bevor Sie mit der Forschung beginnen werden, müssen Sie sich selbst und Ihre Ziele in diesem Bereich kennenlernen. Wenn Sie sich mit diesen Fragen nicht ehrlich auseinandersetzen können, dann werden Sie nicht imstande sein, jemandem Hilfe und Unterstützung zu bieten, der sie möglicherweise benötigt. Wir alle wollen mehr über das Wesen der Anomalien lernen, aber wir werden auch die Möglichkeit haben, Menschen zu helfen, während wir unsere Forschung betreiben. Vielleicht wird dies zu Ihrer treibenden Kraft.

Ich werde auf den folgenden Seiten versuchen, alle Facetten einer Untersuchung für Sie abzudecken. Wird dies alles umfassen, was Ihnen begegnen könnte? Nein, wird es nicht. Jeder Fall ist anders, und Sie wissen nie mit Sicherheit, was auf Sie zukommt, bevor Sie nicht selbst in einer bestimmten Situation sind.

Diese Einführung wird Ihnen jedoch den Einstieg ermöglichen.

ALLER ANFANG IST SCHWER

Es gibt zwei wichtige Fragen. Was erhoffen Sie sich von Ihrer Forschungstätigkeit im paranormalen Bereich? Das ist eine sehr einfache Frage, die aber, je nach Person, viele verschiedene Antworten zulässt. Die zweite Frage ist eher ein wenig mehr philosophisch. Wie gut verstehen Sie sich selbst? Fangen wir also mit diesen Überlegungen an, die zweite Frage zu behandeln.

Sich selbst zu verstehen, scheint ziemlich einfach zu sein, oder etwa nicht? Seien Sie ehrlich zu sich selbst und überlegen Sie, was Sie in der Lage sind zu tun und was nicht. Keine zwei Personen sind gleich und es kann durchaus sein, dass andere mehr können als Sie. Ihre Kommunikationsfertigkeit ist ein wichtiger Faktor für Ihre Entwicklung. Wenn Sie sich auf eine Teamsituation einlassen, müssen Sie Ihre Stärken und Schwächen mit anderen teilen und sich mit deren Stärken und Schwächen vertraut machen; sowohl physisch als auch mental.

Wenn Sie ein schmerzhaftes Knie haben und Probleme bekommen, wenn Sie einen längeren Zeitraum herumlaufen, muss Ihr Team das wissen, damit jemand bei Bedarf für Sie „einspringen" kann. Unter Umständen gibt es eine andere Aufgabe im Zusammenhang mit dieser konkreten Untersuchung, die Sie weniger schmerzhaft übernehmen können. In einem Team sind alle Rollen wertvoll, verstehen Sie dies also nicht als eine Bewertung Ihres Einsatzes. Denken immer Sie daran, dass wir von unserer Arbeit herausgefordert und nicht von ihr missbraucht werden sollten.

Wenn es Ihnen jedoch gelingt, Ihre Grenzen zu erkennen, dann haben Sie sich den Weg zu mehr Freude an dieser Art von Aktivität geebnet.

ins Spiel. Geben Sie nie vor, etwas zu verstehen, wenn Sie es nicht tun, denn das wird später nur ein Problem verursachen.

Ich habe allen Neueinsteigern im Laufe der Jahre immer wieder gesagt, dass wir nicht antworten können, wenn sie nicht selbst fragen. Stellen Sie also ruhig alle Fragen, die Sie haben. Die einzige falsche Frage ist die, die nicht gestellt wird. Auf der anderen Seite: Wenn Sie eine Antwort erhalten und diese nicht verstehen, sagen Sie es. Fordern Sie eine genauere Antwort an. Stellen Sie so lange Fragen, bis Sie es verstanden haben. An dieser Stelle kommt die Analogie, „Wir sind nur so stark wie unser schwächstes Glied" ins Spiel. Geben Sie nie vor, etwas zu verstehen, wenn Sie es nicht tun, denn das wird später nur ein Problem verursachen.

Wenn Sie bestimmte Sachverhalte, die Sie gelesen haben oder die Ihnen beigebracht wurden, nicht nachvollziehen können, weisen Sie darauf hin. Sie wollen doch wohl keinen Ort betreten, an dem Sie etwas nicht verstehen, von dem die anderen aber annehmen, dass Sie es tun. Sie schaden damit nur sich selbst und Ihrem Team, wenn Sie so handeln. Wenn Sie Ihrem Team effektiv mitteilen, dass Sie etwas nicht verstehen, wird man Sie aller Wahrscheinlichkeit nach jemandem zuweisen, der auf diesem Gebiet erfahrener ist, so dass Sie lernen können und es dann hoffentlich besser nachvollziehen können. Ich kann dies gar nicht genug betonen.

WAS SIE VORHER NOCH WISSEN SOLLTEN

Die Filmindustrie und teilweise auch einige YouTube-Kanäle haben ein Bild von einem Spuk geschaffen, das viele Menschen für realistisch halten. Beim Einstieg in die Thematik sollten Sie beachten, dass dies, wie es dargestellt wird, nicht der Fall ist. Sie als Zuschauer wollen unterhalten werden. Das wollen die Geister aber in der Regel nicht. Können Sie dabei auf einige intensive Ereignisse stoßen? Zweifellos können Sie das. Deshalb müssen Sie verstehen, was Sie unter Umständen erwartet, damit Sie besser mit der Situation umgehen können.

Die meisten paranormalen Ermittler, die dies bereits eine gewisse Zeit betreiben, erschrecken normalerweise nicht mehr, wenn etwas passiert. Jeder kann und wird sich von Zeit zu Zeit erschrecken. Wie in allen anderen Berufen auch, müssen wir uns entsprechend verhalten und unsere Gefühle und Empfindungen unter Kontrolle haben.

Wie würden Sie sich fühlen, wenn Sie Auftraggeber wären und ein paranormaler Ermittler schreiend aus Ihrem Haus in die Nacht hinausliefe? Wahrscheinlich nicht allzu gut, deswegen versuchen Sie stets, die Kontrolle über sich selbst zu behalten, wenn Sie ermitteln. Es ist wirklich nichts Verwerfliches daran, Ihren Teamkollegen zu bitten, Sie aus einem Einsatzort herauszuholen, an dem Sie sich nicht besonders wohl fühlen.

Was wird Ihnen begegnen, sobald Sie sich entschieden haben, zu bleiben, zu versuchen, zu lernen und anderen Menschen zu helfen? Sagen wir es mal so: Gleiches zieht Gleiches an. Wenn Sie hinausgehen und eine schlechte Gesinnung haben, werden Sie jemanden oder etwas anziehen, das die gleiche Gesinnung hat. Gehen Sie also immer mit einer positiven Einstellung nach draußen, und wenn Sie keine gute Stimmung haben, dann gehen Sie eben nicht hinaus. Noch einfacher kann man diesen Grundsatz wohl nicht formulieren.

SAFETY FIRST

Dazu gibt es zwei Punkte, die erwähnt werden müssen. Zum einen weiß man nie, was einem begegnen kann. Es ist immer eine gute Strategie, auf Nummer sicher zu gehen. Zweitens sollte die Teamleitung über das Geschehen Bescheid wissen und den Schweregrad des Spukgeschehens ermittelt haben und beurteilen können.

Bevor Sie beginnen, muss in Ihrer Gruppe eine klare Absprache darüber getroffen werden, ob Sie sich mit dämonischen Phänomenen beschäftigen wollen oder nicht.

Machen Sie jedoch keinen Fehler, das Dämonische ist real und existiert. Wenn Sie sich entscheiden, Mitglied einer Gruppe zu werden, die nur dämonische Ereignisse behandelt, denken Sie daran, dass dies eine Lebensentscheidung ist; wenn Sie einmal angefangen haben, gibt es kein Zurück mehr. Wenn jedoch die Leitung Ihres Teams mit dieser Art von Spuk nicht umgehen kann, sollten Sie sich schon sicher sein, dass man Sie niemals in diese Art von Situation hineinziehen wird.

Warum sage ich das? Ganz einfach: Weil uns allen beigebracht wurde, dass da draußen Gut und Böse existieren, und das war kein Scherz. Als frischgebackener paranormaler Ermittler sollten Sie niemals versuchen, es mit einer „bösen" Entität aufzunehmen. Sie würden sich selbst zum Scheitern verurteilen. Es ist wichtig, dass Sie sich an jemanden wenden, der mehr Erfahrung und Wissen im Umgang mit dieser Art von Entität hat. Sie tun niemandem einen Gefallen, wenn Sie versuchen, diese Art von Situation alleine zu lösen.

VOR ORT

Eines sollten Sie nicht: Informationen über einen Fall verteilen. Normalerweise weiß nur der Teamleiter für den jeweiligen Fall, was vor sich geht. Der Grund dafür ist, jegliche Neigungen zu bestimmten Schlussfolgerungen zu vermeiden.

Eine der schlimmsten Fragen, welche ich von vielen Ermittlern während der Untersuchung gehört habe, ist „Gib mir ein Zeichen deiner Anwesenheit". Wie sagt ein altes Sprichwort: Sei vorsichtig, worum du bittest, oder du könntest mehr bekommen, als du verkraften kannst! Diese Art von Fragen sind mit offenem Ende und dieses erbetene Zeichen könnte etwas sein, das Sie so nie erwartet oder gewollt haben.

Es ist also besser, etwas konkreter zu werden, z. B. darum zu bitten, dass das Klopfen, das Sie ausführen, wiederholt wird. Auf diese Weise haben Sie mehr Kontrolle und es wird für Sie etwas ungefährlicher sein. Denken Sie auch daran, dass der Kunde mit dem leben muss, was Sie da tun. Wenn Sie eine Situation erzeugen, die alles, was anwesend ist, verärgert, können Sie jederzeit gehen, aber diese Option haben die Kunden wahrscheinlich nicht. Seien Sie also respektvoll. Was immer Sie fordern, kann auch geschehen, nachdem Sie gegangen sind. Dadurch können Sie Ihren Klienten noch mehr verängstigen.

Grundsätzlich gibt es drei Arten von Spukerscheinungen, auf die Sie bei einer Untersuchung häufig stoßen werden: intelligente, residuelle und diejenigen, die als dämonisch bezeichnet werden.

Intelligenter Spuk ist derjenige, bei dem der Geist mit Ihnen interagieren kann. Diese sind sich ihrer Umgebung bewusst und sind normalerweise nicht auf einen Ort beschränkt. Sie sind auf der Suche nach Personen, die sie wahrnehmen, und oft endet es damit, dass sie Menschen erschrecken, die nicht verstehen, was sie versuchen mitzuteilen.

Der residuelle Spuk, auch oftmals als „Restspuk" bezeichnet, ist ein Ereignis, das sich in die Umgebung eingeprägt hat. Es ist ein Eindruck oder ein energetischer „Schnappschuss", der in der Vergangenheit gemacht wurde. Wenn die Umstände richtig sind, wird dieses Ereignis ähnlich wie ein Video wiedergegeben. Egal wie sehr Sie sich auch bemühen werden, dieses „aufgezeichnete" Ereignis wird nicht mit Ihnen interagieren.

Letztgenanntes würde nichts als Ärger für Sie bedeuten. Wie ich schon sagte, wenn Sie in Kontakt mit einer nicht-menschlichen Entität oder einem dämonischen Wesen kommen, holen Sie sofort Hilfe von einem Experten, der damit umzugehen weiß.

Jetzt befinden Sie sich also in dem Haus, in dem so viel mit den anderen im Team passiert. Was sollten Sie jetzt tun? Nun, Sie sollten mit dem fortfahren, womit Sie gerade beschäftigt sind, bis Sie um Hilfe gebeten werden, um etwas an einem anderen Ort zu dokumentieren. Bleiben Sie auch dann ruhig, wenn die Auseinandersetzungen mit diesen Erscheinungen bei Ihnen stattfinden, und achten Sie vor allem darauf, was vor sich geht. Benutzen Sie Ihre Ausrüstung und untersuchen Sie. Wenn Sie Hilfe brauchen, fragen Sie danach. Wenn Sie gehen müssen, tun Sie dies in aller Ruhe mit Ihrem Teamkollegen.

ORGANISATORISCHE FÄHIGKEITEN UND KENNTNISSE

Organisation ist sehr wichtig, wenn Sie an einer Untersuchung teilnehmen. Sie werden mit einem hoffentlich eingespielten Team arbeiten, das über entsprechende Vorgehensweisen verfügt, so dass jeder versteht, was von seinen Mitgliedern während einer Untersuchung jeweils erwartet wird. Wenn Sie die Untersuchung auf eigene Faust durchführen wollen, haben wir ein Kapitel, das Ihnen mit einigen Ideen aushilft, wie Sie eine Untersuchung organisieren können.

Zu Beginn Ihrer Ausbildung werden Sie möglicherweise im Internet nach einer Vielzahl von Informationen recherchieren und sich informieren.

Wenn Sie diese Informationen lediglich ausdrucken und in einem Ordner ablegen, werden Sie Schwierigkeiten haben, sie bei Bedarf als Orientierungshilfe zu verwenden. Ich empfehle die Verwendung eines Aktenordners mit beschriftbaren Trennblättern, die Ihnen bei der Organisation der Themen helfen. Ich persönlich habe ziemlich viele davon, auf die ich oft zurückgreife. Ein befreundeter Ermittler praktiziert dies ebenfalls und führt eine Liste von Titeln auf seinem Computer, damit er sie bei seinen Recherchen im Netz im Überblick behalten kann.

Was machen die mit all dieser Ausrüstung?

Was sollten Sie zu einer Untersuchung mitbringen? Sie haben sicher schon alle diese „großartigen“ Instrumente gesehen, die im Fernsehen eingesetzt werden und auch auf den Webseiten einiger paranormaler Ermittler aufgeführt sind. Möglicherweise denken Sie, dass Sie wohl einen Kredit aufnehmen müssen, um loszulegen. Natürlich sind die High-End-Geräte schick, aber sie können auch sehr teuer sein.

Mein Rat: Fangen Sie klein an. Alles, was Sie wirklich brauchen, ist ein Notizbuch, einen unbefangenen Horizont und eine Kamera. Sollten Sie sich entschließen, weiterzumachen, werden irgendwann weitere Geräte folgen. Beachten Sie einfach die Grundlagen bei der Verwendung einer Kamera, die wir später näher erläutern.

In diesem Buch finden Sie einen kompletten Abschnitt über die Grundausrüstung, in dem die Funktionsweise bestimmter Geräte erläutert wird und worauf Sie bei jedem dieser Instrumente achten sollten. Für jemanden, der gerade erst anfängt, empfehle ich die üblichen Ausrüstungsgegenstände, nämlich eine gute Digitalkamera (mit mehr als 5 Megapixeln) und einen Digitalrecorder, möglichst mit einer Zeitstempel-Funktion. Diese beiden Ausrüstungsgegenstände werden Ihnen während Ihrer gesamten Ermittlungsarbeit von großem Nutzen sein.

Wenn Sie in einem bereits etablierten Team mitarbeiten, gibt es dort vermutlich eine Vielzahl von Geräten, die Sie benutzen und erlernen können. Mit der Zeit werden Sie einige finden, die Ihnen besonders zusagen, und andere, die Ihnen nicht so gut gefallen. Wenn das der Fall ist und Sie sich dazu entschlossen haben, weiterzumachen, werden Sie vielleicht in Erwägung ziehen, einige Ihrer bevorzugten Ausrüstungsteile selbst zu kaufen. Ich empfehle Ihnen wirklich, zu warten, bis Sie die Gelegenheit hatten, die Geräte zu bedienen, bevor Sie losgehen und einfach irgendetwas davon anschaffen.

VORAUSSETZUNGEN

Um ein paranormaler Ermittler zu sein, müssen Sie einen aufgeschlossenen Verstand haben und fähig sein, alle Möglichkeiten zu untersuchen, bevor Sie zu der Überzeugung kommen, dass es an einem Ort spukt. Sie sollten eine sehr detaillierte Vorgehensweise für die Durchführung und Überprüfung Ihrer Nachforschungen haben und welche Kontrollmechanismen Sie einsetzen, um sicherzustellen, dass weder in Ihrem Team noch am Standort ein Betrug stattfindet.

Das wichtigste Werkzeug für jeden, der diese Aufgabe richtig angehen will, besitzen Sie jedoch bereits, und das sind Sie selbst. Das, was Sie glauben und wer Sie sind, ist ein wesentlicher Faktor in diesem Bereich. Sie müssen lernen und verstehen, was Ihr Körper Ihnen sagen will. Sobald Sie das tun, legen Sie das Fundament, auf dem Sie aufbauen. Wenn Sie mit einem soliden Grundgerüst beginnen, können Sie nichts falsch machen.

Ihr Körper ist ein ziemlich erstaunliches Hilfsmittel und hat viele verschiedene Verteidigungsmechanismen eingebaut, und das ohne Extrakosten. Achten Sie also unbedingt darauf, was er Ihnen vermittelt. Impressionen sind sehr wichtig. Wenn sich die Haare in Ihrem Nacken aufstellen und das normalerweise nicht geschieht, könnte es sich hierbei um ein paranormales Ereignis handeln. Stellen Sie sicher, dass Sie Notizen, Fotos usw. anfertigen.

Oder wenn Sie auf einem Stuhl in der Ecke eines Wohnzimmers eines Kunden sitzen und sich plötzlich extrem traurig oder wütend fühlen oder vielleicht auch nur ein unbehagliches Gefühl haben. Es ist immer wichtig, dies zu notieren. Es hat zu diesem Zeitpunkt vielleicht keine Bedeutung für Sie, aber das könnte der Lieblingssessel der verstorbenen Tante Frieda gewesen sein und Sie haben deren Gefühle in sich aufgenommen. Seien Sie nicht verwundert, dies wird Ihnen früher oder später passieren, Sie sollten es nur zur Kenntnis nehmen.

Wenn Sie zum ersten Mal ausgehen, werden Sie zweifellos schon sehr gespannt sein, etwas zu sehen. Vielleicht gehen Sie in das Häuschen an der Ecke, um das sich viele Geschichten ranken, so dass Sie jetzt motiviert sind, dort hineinzugehen. Doch während Sie dort sind, passiert einfach nichts.

Und jetzt fühlen Sie sich im Stich gelassen. Wieso ich Ihnen das sage? Ganz einfach: Erwarten Sie niemals, dass etwas passiert. Wenn Sie dies machen, werden Sie enttäuscht sein und Sie werden außerdem denken, dass nichts von alledem einen Sinn hat. Wenn Sie jedoch ohne Erwartungen hineingehen, können Sie nicht enttäuscht werden und Sie sind offener für das, was vor sich geht.

Auch möchte ich ein paar verwandte Aspekte ansprechen. Ich habe an Fällen mitgearbeitet, bei denen absolut nichts passiert ist und ein oder zwei Ermittler beschlossen haben, ein Schlafzimmer oder einen Raum mit einem Sofa zu „untersuchen" und tatsächlich dort eingeschlafen sind. Dies ist natürlich nicht akzeptabel, denn wenn man so übermüdet ist, sollte man gar nicht erst losziehen, um zu ermitteln.

Der letzte Punkt, den ich ansprechen möchte, ist Langeweile; ja, die gute, alte Langeweile.

Denken Sie daran, dass wir nur für eine kurze Zeit an einem Ort sind und der Kunde die ganze Zeit dort anwesend ist. Aktivität tritt nicht auf, nur weil Sie dort sind. Höchstwahrscheinlich werden Sie bei Ihrer ersten Untersuchung des Bereichs nicht viele Hinweise finden. Ich habe schon viele Leute gesehen, die dann anfangen, eine Reaktion zu provozieren. Diese Vorgehensweise kann ich nicht befürworten, vor allem nicht, wenn sie konfrontativ oder mit offenem Ende durchgeführt wird.

WISSEN IST MACHT

Niemand kann behaupten, alles zu wissen, egal wie lange man etwas studiert. Tun Sie sich selbst einen Gefallen und lesen Sie alles, was Ihnen unter die Finger kommt. Das Internet ist voll mit einer Fülle von Informationen, die Sie über alle Aspekte der Geisterjagd aufklären können. Aber denken Sie daran, kritisch zu sein. Nicht alles, was im Internet steht, ist gut oder brauchbar oder beruht auf Wahrheit.

Finden Sie einen Mentor. Bitten Sie eine Gruppe in Ihrer Gegend um Rat, was sie lesen oder wie sie eine paranormale Untersuchung durchführen. Fragen Sie, ob sie Ihnen etwas zeigen oder Sie bei einem Treffen oder einer Untersuchung teilnehmen lassen würden.

Berücksichtigen Sie dabei, dass die meisten etablierten Gruppen letzteres aufgrund einer möglichen Beweismittelkontamination wahrscheinlich nicht erlauben werden. Wenn Sie sich jedoch deren Gruppe anschließen können, teilen Sie ihnen mit, dass Sie daran interessiert sind, zu lernen, wie man eine ordnungsgemäße Untersuchung durchführt.

Wenn Sie dabei sind, beobachten Sie die Gruppe, während sie die Untersuchung durchführt. Achten Sie darauf, wie die Teammitglieder miteinander und mit dem Kunden umgehen. Sie sollten auch beobachten, ob die Gruppe organisiert ist oder nicht; wenn sie völlig chaotisch ist, könnten Sie sich schlechte Angewohnheiten aneignen. Eine Gruppe, die sich gegenseitig und den Ort, an dem sie sich befindet, respektiert, sagt viel über deren Charakter und Engagement für die Forschung aus.

Niemand weiß wirklich, was ein Geist ist, und bis wir das unwiderlegbare Beweisstück finden, gegen das niemand mehr argumentieren kann, werden wir es vielleicht nie erfahren. Was wir als Ermittler leisten, ist die Suche nach diesem Beweisstück, während wir gleichzeitig Menschen auf diesem Weg helfen. Viele Leute denken, dass sie Experten auf diesem Gebiet sind, jedoch lernen wir alle ständig dazu und entwickeln uns weiter, während wir Fortschritte machen.

Nun wissen Sie, dass Sie den Menschen helfen und dazulernen wollen. Sie wissen auch, worauf Sie möglicherweise stoßen werden, und trotzdem beschließen Sie, dort hinauszugehen und den Versuch zu wagen.

Ich empfehle Ihnen, Mitglied in einem der etablierten Teams zu werden. Sie werden Ihnen alles beibringen, was Sie wissen sollten, um eine ordnungsgemäße Untersuchung durchzuführen. Was aber, wenn Sie kein solches Team in Ihrer Nähe haben und Sie es trotzdem versuchen wollen?

Dann seien Sie bitte so vernünftig, wie möglich. Begeben Sie sich nicht ohne Genehmigung, allein oder ohne Kommunikationsmöglichkeit mit anderen Teammitgliedern an einen unbekannten Ort. Tragen Sie stets Ihr Mobiltelefon bei sich, denn wenn jemand verletzt wird, werden Sie es benötigen.

Falls Sie sich dafür entscheiden, sollten Sie vorsichtig und respektvoll sein. Behandeln Sie alle Menschen so, wie Sie selbst behandelt werden möchten. Denken Sie daran, dass Sie mehr als nur sich selbst da draußen repräsentieren werden; Sie werden die große Gemeinschaft der paranormalen Ermittler vertreten.

KAPITEL 2

Die Geisterjagd als Forschungsgebiet

- Eine kurzer Ausflug in die Historie
- Die Fox-Schwestern
- Helena P. Blatavsky
- Henry Sidgwick
- Edmund Gurney
- Harry Price
- Was noch zu sagen wäre

2

Eine kurzer Ausflug in die Historie

Um zu verstehen, in welche Richtung wir uns in diesem Bereich bewegen, benötigen wir ein gewisses Verständnis dafür, woher die Geisterjagd als Forschungsgebiet kommt. Im Laufe der Menschheitsgeschichte haben Männer und Frauen an ein Leben nach dem Tod geglaubt. Geister wurden oft für verstorbene Verwandte gehalten, für verstorbene Menschen, die auf Rache aus waren, oder für gefangene Seelen, die für schlechte Taten bezahlen mussten, die sie im Leben begangen hatten.

In den frühen Tagen der Wissenschaft entschied man sich bewusst dafür, den Bereich der Spiritualität der Kirche zu überlassen. Mit dieser Entscheidung begann der Mangel an Verständnis für die spirituelle Welt. Hätte sich die Wissenschaft schon zu Zeiten von Galilei damit befasst, hätte sich das Gebiet der paranormalen Forschung mit allen anderen wissenschaftlichen Studien gleichermaßen entwickelt und wäre nicht als eine Art Pseudo-Wissenschaft eingestuft worden. Da die Kirche das Reich des Geisterhaften übernommen hatte, und man als Hexe oder Hexer angeklagt werden konnte, was mit einem sicheren Todesurteil verbunden war, wollte niemand zugeben, dass er einen Geist gesehen hatte. Doch mit der Zeit wurden sie sich immer mehr über Geister bewusst und wie man über dieses Thema spricht (ohne auf dem Scheiterhaufen verbrannt zu werden).

In dieser Zeit der Weltgeschichte begannen viele Menschen, „Visionen" zu haben. Auf diese Weise war es möglich, die Geschichte einer Geistererscheinung zu erzählen, ohne der Hexerei beschuldigt zu werden. In unserer modernen Gesellschaft, in der Geister scheinbar überall auftauchen, ist es mittlerweile gesellschaftsfähig geworden, über solche Themen zu sprechen. Versuchen Sie doch einmal, einen Ort zu finden, an dem Sie niemanden finden, der Ihnen von einer anomalen Erfahrung berichten kann, insbesondere seit dem Aufkommen des Internets.

An dieser Stelle möchte ich einen Hinweis einfügen: Ich kenne einige Ermittler, die für ihre Bemühungen auf dem Gebiet der paranormalen Forschung viel Kritik einstecken mussten und sogar noch müssen. Man kann dieses Thema durchaus mit gesundem Menschenverstand behandeln, wenn man offen darüber diskutiert.

Die Mehrzahl der frühesten Berichte über Spuk beschränkte im Wesentlichen auf Augenzeugenberichte, aber mit der Entwicklung von Wissenschaft und Technik wuchs auch die Suche nach Beweisen für ein Leben nach dem Tod. In den meisten Fällen gab es für übernatürliche Ereignisse natürliche Erklärungen, gelegentlich aber auch nicht. Skeptiker wollten Geister widerlegen und Anhänger wollten beweisen, dass sie tatsächlich existieren. Jeder liebt Mysterien und Geister stellen eines der größten Mysterien der Menschheit seit Anbeginn der Zeit dar.

Eine der allerersten Geisterjagd-Untersuchungen kann bis in das erste Jahrhundert n. Chr. zurückverfolgt werden. Ein Mann namens Athenodoros in Athen, Griechenland, mietete ein Haus, um Gerüchten über einen Spuk im Gebäude nachzugehen. Bereits in der ersten Nacht, die er in dem Haus verbrachte, so berichtet Athenodoros, sah er einen alten Mann mit gefesselten Füßen und Händen. Dieser Mann rasselte mit Ketten und überredete ihn, zu folgen. Er willigte ein und folgte dem alten Mann, bis dieser verschwand. Athenodoros markierte die Stelle, an der sich die Erscheinung verflüchtigte und ließ Beamte dort graben. Schließlich wurden angekettete Knochen gefunden. Sie wurden begraben und der alte Mann erschien nie wieder.

Abb: „Athenodorus begegnet dem Gespenst". Kupferstich von Henry Justice Ford aus dem Buch „The Strange Story Book" 1913

Die Erzählungen von Geistern und Spukgeschichten ziehen sich durch die gesamte Geschichte und durch die verschiedensten Kulturen. Im 17. Jahrhundert untersuchte der Kaplan von Charles II, Joseph Glanvill, geisterhafte Aktivitäten auf den britischen Inseln. Glanvills berühmtester Fall war der Geistertrommler von Tedworth. Dieser suchte eine englische Familie heim. Er machte laute Geräusche und schlug Nacht für Nacht die Trommel. Außerdem schlug er gewaltsam auf Möbel und zertrümmerte ein Bettgestell. Erst als ein Geistlicher zu Besuch kam, hörte der Spuk auf.

In Deutschland beschäftigte sich der Prediger Jeremias Heinischen im Jahre 1723 in seinem Buch *„Unterricht - Wie man Gespenster und Gespenster=Geschichte prüfen soll“* mit den *„Würckungen eines so genannten Kobolds in der Pfarrwohnung daselbst“* und gibt Hinweise, wie diese Vorfälle und Phänomene zu erforschen bzw. zu behandeln sind.

10.
Unterricht
Wie man Gespenster und
Gespenster=Geschichte
prüfen soll:
gewiesen,
Durch nöthige INTERROGATORIA
Zu dem Zeugnüsse der reinen Wahrheit
Herrn Jeremias Heinischen, Predigers zu Gröben,
Von den
Würckungen eines so genannten Kobolds,
in der Pfarr=Wohnung daselbst.
I. II.
Raptim: 1723.

In den Jahren des 19. Jahrhunderts erregte das Grabmal der Familie Chase auf der Insel Barbados die Aufmerksamkeit der Presse. Särge schienen bewegt, neu angeordnet und sogar gegen Wände geworfen zu werden. Der Eingang zur Gruft wurde bis zum nächsten Todesfall der Familie Chase mit Mörtel versiegelt und dem Zeichen des Gouverneurs markiert.

Bevor nun das Grab für die Beisetzung geöffnet wurde, erfolgte eine gründliche Inspektion des Gewölbes von außen. Dabei wurde festgestellt, dass es so standfest wie immer war. Die Mörtelabdichtung wurde untersucht und war unversehrt, und die Markierungen im Mörtel waren unangetastet. Als die Tür der Gruft aufgezogen wurde, ertönte ein seltsames Geräusch aus dem Inneren der Krypta. Zum Erstaunen der Anwesenden lehnte der Sarg mit dem Körper von Dorcas Chase, die bereits seit acht Jahren tot war, an der Marmortür.

Ein anderer Sarg, der von Mary Anna Maria Chase, der sich schon seit 12 Jahren in dieser Gruft befand, war so heftig gegen die linke Seitenwand geschleudert worden, dass ein Teil davon abgesplittert war. Auch die restlichen Särge waren beschädigt und die Sandschicht, die den Boden bedeckte, zeigte keine Spur von was auch immer. Daraufhin räumte die Familie Chase das Gewölbe aus und heute steht es leer und ist, soweit wir wissen, ruhig.

Die vielleicht größte Entwicklungsphase der paranormalen Forschung kam in der Mitte des 19. Jahrhunderts auf die Bühne, als die Faszination für die okkulte spiritistische Bewegung während des viktorianischen Zeitalters (etwa 1837 - 1901) wuchs. Darunter waren die bekanntesten und einflussreichsten unter anderem:

DIE FOX-SCHWESTERN

Die drei Fox-Schwestern aus Hydesville, New York, gelten grundsätzlich als Begründerinnen der modernen Spiritismusbewegung. Ihnen wird zugeschrieben, dass sie den Trend zur Medialität oder Kommunikation mit den Toten in Bewegung gesetzt haben.

Am 11. Dezember 1847 zog John Fox zusammen mit seiner Frau Margaret und ihren Töchtern in ein Haus ein, welches den Ruf hatte, „ heimgesucht“ zu werden. Tatsächlich zog der Vormieter, Michael Weakman, wegen eines unerklärlichen Klopfens und anderer Geräusche aus dem Gebäude aus. Der Familie Fox wurde schnell klar, dass sie nicht die einzigen Bewohner des Hauses waren, nachdem auch sie nachts von seltsamen Geräuschen und Aktivitäten gestört wurden. Ihre Kinder waren so beunruhigt, dass sie sich weigerten, getrennt zu schlafen und daraufhin in das Schlafzimmer ihrer Eltern gebracht wurden. Die Ursache für die „Aktivitäten“ konnte nicht geklärt werden.

Die drei Fox-Schwestern: Kate, Margareta und Leah Fox.

Am 31. März schließlich schrieb die junge Kate Fox Geschichte, indem sie die mysteriöse unsichtbare Macht herausforderte, das Schnippen ihrer Finger zu wiederholen. Das Geräusch folgte ihr augenblicklich mit der gleichen Anzahl von Schnippgeräuschen. Im weiteren Verlauf der Zeit stellten die Mädchen Fragen an die verstorbenen Seelen und erhielten Antworten in Form von Klopfzeichen und Tischbewegungen. Bei weiteren Nachforschungen wurde festgestellt, dass der Name des Geistes Charles B. Rosna lautete und dass er ein Hausierer war, der fünf Jahre vor diesen Vorfällen in dem Haus wohnte.

Die Schwestern zogen später in die Häuser anderer Familienmitglieder, doch die Störungen hielten an. Ein Freund schlug vor, zu versuchen, sich mit den Geistern zu unterhalten, indem sie das Alphabet benutzten (eine Form des Ouija-Bretts zum Wahrsagen) und sie erzielten bemerkenswerte Kommunikationsergebnisse. Viele Menschen glaubten daran, dass die Schwestern glaubwürdig waren, viele allerdings auch nicht. Und einige waren der Meinung, die Fox-Schwestern würden aus den Trauernden nur einen Vorteil ziehen, zudem waren einige der Überzeugung, dass die Fox-Schwestern sich an den Hinterbliebenen bereichern würden.

HELENA P. BLATAVSKY (1831-1891)

Helena Blatavsky (gebürtig Helena Petrovna von Hahn-Rottenstein) war in den 1870er Jahren ein bekanntes Medium und eine der Gründerinnen der Theosophischen Gesellschaft, die das Studium der vergleichenden Religion, Philosophie, Wissenschaft und die Erforschung der unerklärlichen Naturgesetze und der im Menschen verborgenen (psychischen) Kräfte förderte.

Die russlanddeutsche Okkultistin wuchs inmitten einer Kultur auf, die reich an Spiritualität und traditionellen russischen Mythologien war, wodurch sie in das Reich des Übernatürlichen hineingeführt wurde. Zwischen 1848 und 1858 unternahm sie Weltreisen, und während ihres Aufenthalts in Kairo in den frühen Siebzigerjahren des 19. Jahrhunderts etablierte sich Blavatsky als Medium (auf der Grundlage des Glaubens, dass die Geister der Toten, die sich im Geisterreich aufhalten, von den Menschen durch einen Mittler kontaktiert werden können) und begann, Séancen abzuhalten.

Im Jahr 1873 wanderte sie nach New York City aus und begeisterte die Menschen mit ihren angeblichen übersinnlichen Fähigkeiten.

HENRY SIDGWICK (1838-1900)

Henry Sidgwick war einer der sechs Gründer und erster Präsident der noch heute bestehenden Society of Psychical Research (SPR), deren Ziel es war und ist, „Ereignisse und Fähigkeiten, die gemeinhin als übersinnlich oder paranormal beschrieben werden, zu verstehen, indem sie wichtige Forschungen auf diesem Gebiet fördert und unterstützt" und „angeblich paranormale Phänomene auf wissenschaftliche und unvoreingenommene Weise untersucht."

EDMUND GURNEY (1847-1888)

Der englische Psychologe und Psychoforscher Edmund Gurney war ebenfalls ein Mitglied der SPR. Er versuchte, das Fortbestehen der bewussten menschlichen Persönlichkeit nach dem Tod des Körpers zu untersuchen.

Gemeinsam mit Frank Podmore und Frederic William Henry Myers (einem Mitglied der Theosophischen Gesellschaft) schuf er die wegweisenden Bände „Phantasms of the Living", eine Sammlung von Erfahrungsberichten über mögliche Fälle von Telepathie. Sie vertraten beide die Ansicht, dass ähnliche Erfahrungen spontan in vielen aufgezeichneten Fällen von Visionen am Sterbebett auftraten.

HARRY PRICE (1881-1948)

Harry Price wird von den meisten als der Vater der modernen paranormalen Ermittler gesehen. Es existieren zahlreiche Bücher, die die Leistungen von Price und dessen Nachlass dokumentieren. Er war maßgeblich daran beteiligt, die paranormale Forschung in das Bewusstsein der Öffentlichkeit zu rücken.

Im Alter von 15 Jahren schlossen sich Harry und ein Freund über Nacht in einem Haus ein, in dem es angeblich spuken sollte. Während der Nacht hörten sie immer wieder Schritte im Obergeschoss. Sie stellten eine Kamera am Fuß der Treppe auf und als sie Schritte hörten, welche aus Richtung der Treppe kamen, machten sie ein Foto. Als die Platte darauf entwickelt wurde, zeigte sie nichts als eine leere Treppe. Price betrachtete dies immer als seine erste Begegnung mit einem Geist. Er schaffte es, der Geisterforschung einen Platz in der Öffentlichkeit zu verschaffen und öffnete die Forschung auch für diejenigen, die nicht in die Kategorien professioneller Wissenschaftler, hartgesottener Skeptiker oder „Leichtgläubiger" passten.

1908 lernte Harry eine wohlhabende Erbin namens Constance Mary Knight kennen und heiratete sie. Dies erlaubte Harry, etwas zu tun, wovon die meisten in diesem Bereich heute träumen: Er wurde ein unabhängiger, wohlhabender paranormaler Ermittler.

In England existierte schon damals die Society of Psychical Research. In dieser Vereinigung hatte Price aufgrund seiner Persönlichkeit und seiner ständigen Selbstdarstellung zahlreiche Gegner. Als Price 1920 der SPR beitrat, hatte er bereits seine Karriere als Großbritanniens berühmtester Geisterforscher eingeleitet. Er verbrachte viele Stunden in angeblichen Spukhäusern und bei der Untersuchung von spiritistischen Medien. Er war auch ein erfahrener Magier und machte sich innerhalb der SPR bald einen Namen dafür, dass er seine magischen Fähigkeiten einsetzte, um betrügerische Hellseher zu entlarven, was damals der Schwerpunkt der aktuellen SPR-Untersuchungen war.

Eine von Price ersten Maßnahmen enthüllte die Arbeit des Geisterfotografen William Hope, der ein Vermögen damit verdiente, Porträtaufnahmen von Menschen zu machen, und diese Porträtfotos schienen immer die toten Verwandten des Dargestellten zu beinhalten. Price wurde beauftragt, Nachforschungen anzustellen und veröffentlichte bald seine Ergebnisse. Er unterstellte Hope, dass er in seiner Kamera vorbelichtete Platten benutzte, was er herausfand, indem er die Platten, die der Fotograf benutzte, heimlich gegen seine eigenen austauschte.

Eines Nachmittags, während er auf einen Zug wartete, traf Price Stella Crenshaw. Sie begannen ein Gespräch, in dem sie Price die Geschichten über das außergewöhnliche Phänomen erzählte, das sie seit Jahren erlebte. Diese bestanden aus sich bewegenden Objekten, kalten Flecken und klopfenden Geräuschen. Daraufhin bot Price ihr an, als Testperson für seine übersinnlichen Forschungen zu fungieren.

Price war auch ein begeisterter Amateur-Erfinder und hatte ein Gerät namens „Telekinetoskop" entwickelt. Diese Vorrichtung war im Grunde ein Telegraf unter einer Glaskuppel, der bei Betätigung der Taste ein Licht einschalten würde. Price war der Meinung, dass jeder, der ein Medium war, in der Lage sein würde, dieses Licht ohne Schwierigkeiten einzuschalten.

Von März bis Oktober 1923 führten Price und Stella 13 getrennte Séancen durch, bei denen sie sicherstellten, dass diese vor unterschiedlichen Zeugen durchgeführt wurden, wobei Stella es schaffte, alle möglichen seltsamen, physikalischen Phänomene zu erzeugen. Während einer Séance gelang es ihr zum Beispiel, einen Tisch so hoch schweben zu lassen, dass die Anwesenden von ihren Stühlen aufstehen mussten, um ihre Hände darauf zu legen. Plötzlich brachen drei der Tischbeine weg und auch der Tisch selbst klappte zusammen und stürzte ein. Unnötig zu sagen, dass dies die Sitzung beendete.

Harry Price ist vor allem für die Ermittlungen bekannt, die er im Pfarrhaus von Borley durchführte. Diese Untersuchungsreihe resultierte in zwei Büchern mit dem Titel „The most haunted house in England" (1940) und „The End of the Borley rectory" (1946). Es waren diese beiden Bücher, die Harry Price in der paranormalen Landschaft berühmt machten.

WAS NOCH ZU SAGEN WÄRE

Auch die Medien haben eine große Rolle bei der Popularität von paranormalen Untersuchungen gespielt. Angefangen mit der kurzen Ausstrahlung der amerikanischen Fernsehserie „The Sixth Sense“ in den Jahren 1972-73, die sich um einen Professor drehte, der mit seinen Psi-Talenten Fälle mit parapsychologischer Grundlage untersuchte, über den Kinofilm The Entity (der teilweise auf einer wahren Geschichte basiert), die erfolgreiche Veröffentlichung des Kinofilms Ghostbusters im Jahr 1984 bis hin zur Fernsehserie Ghost Hunters haben paranormale Forschungsgruppen einen regelrechten Boom erlebt, der bis heute noch anhält.

Im Jahr 1922 bot der Scientific American 2500 Dollar für das erste authentische Geisterfoto an, welches unter Testbedingungen gemacht wurde, und/oder für den ersten Hellseher, der eine „sichtbare psychische Manifestation“ hervorbringt.

Auch Harry Houdini war Mitglied des Untersuchungskomitees. Das erste Medium, das getestet wurde, war George Valiantine, der behauptete, dass in seiner Gegenwart Geister durch eine Trompete sprechen würden, die in einem abgedunkelten Raum schwebte. Für diesen Versuch wurde Valiantine in einem Raum platziert, die Beleuchtung wurde ausgeschaltet, aber unbemerkt von ihm war sein Stuhl so manipuliert worden, dass ein Signal in einem angrenzenden Raum aufleuchtete, sobald er seinen Platz verließ. Da die Lichtsignale während seines Auftritts ausgelöst wurden, konnte Valiantine den Preis nicht entgegennehmen.

In der heutigen Zeit war der Zauberkünstler James Randi (1928 – 2020) vor allem als der weltweit unermüdlichste Ermittler, Gegner und Entmystifizierer paranormaler und pseudowissenschaftlicher Behauptungen bekannt. Randis langjährige Herausforderung an die Übersinnlichen ist inzwischen ein Preis von 1.000.000 Dollar, der von der Stiftung verwaltet wird. Er wurde bisher noch nicht beansprucht.

Viele Einzelpersonen und Gesellschaften haben ähnliche Geldpreise für den Nachweis des Paranormalen in einer überwachten Umgebung ausgesetzt. Insgesamt haben diese Preise einen Wert von über 2,4 Millionen Dollar, die alle noch nicht eingelöst wurden.

KAPITEL 3

Geschichte der EVP

- Zeittafel 1900 - 2015
- EVP heute

3

Geschichte der EVP

Seit der Entdeckung dessen, was heute als Elektronische Stimmenphänomene (EVP) bekannt ist, müssen wir für die Bemühungen vieler begabter Forscher dankbar sein, die im Laufe der Jahre ihre Zeit und ihr Engagement angesichts vieler Anfeindungen geopfert haben.

Wo hat das alles angefangen? Vermutlich mit den Entdeckungen auf dem Gebiet der elektronischen Kommunikation durch Erfinder wie Thomas Edison, Nikola Tesla, Oliver Lodge und Guglielmo Marconi. Diese visionären Vordenker glaubten alle an ein Leben nach dem Tod und an die Möglichkeit, mit dieser Welt auf elektronischem Wege Kontakt aufzunehmen.

Edison hatte sein erstes Labor im Alter von zehn Jahren und zum Zeitpunkt seines Todes hatte er 1093 seiner Erfindungen patentiert. Auch er glaubte an ein Leben nach dem Tod, wie sich aus vielen Aussagen zu seinen Lebzeiten ableiten lässt. „Ich werde in eine jenseitige Welt gehen, wobei ich die Forschung dort fortsetzen werde, wo ich aufgehört habe".

Erwähnenswert ist auch, dass nach seinem Tod eine Konstruktionszeichnung für eine Maschine gefunden wurde, von der er der Auffassung war, dass sie zur Kontaktaufnahme mit eben diesem Ort verwendet werden könnte. Da aber niemals eine solche Maschine gefunden wurde, können wir nicht sagen, ob er sie tatsächlich gebaut hat.

Vor der letzten Jahrhundertwende sagte der österreichische Hellseher Baron Hellenbach in seinem Buch „Geburt und Tod" die Entwicklung der elektromechanischen Kommunikationsmittel voraus. Er erkannte, dass der Inhalt der ersten Kontakte unter den grundsätzlichen Schwierigkeiten der Überbrückung einer Kluft zwischen zwei Dimensionen leiden könnte und warnte vor übermäßigem Optimismus.

Um 1900

Es ist nur wenig bekannt, dass Thomas Edison, Guglielmo Marconi und Nikola Tesla, die Erfinder und Genies, die geholfen hatten, die Elektrizität nutzbar zu machen und die Grundlagen für die elektronische Kommunikation zu legen, die letzten Jahre ihres Lebens auch damit verbrachten, Geräte zur Kommunikation mit Geistwesen zu entwickeln.

1920

Hereward Carrington, ein angesehener amerikanischer Psychoforscher, beschreibt in seinem Buch „Psychic Oddities" eine Situation, bei der eine körperlose Stimme „Can you hear me?"aus einem Mikrofon in einem versiegelten Raum des Radioaufnahmestudios fragte, während das restliche Gebäude leer war. Dies geschah in Anwesenheit eines namenlosen Mediums und wurde von allen anderen im Raum gehört. Niemand konnte eine Erklärung dafür geben.

Der englische Schriftsteller Thorpe, der während seiner Gefangenschaft in Deutschland etwas entwickelte, was er „Ätherisches Sehen" nannte (und ein gleichnamiges Buch schrieb), versprach seinen Lesern in einem weiteren Buch Einzelheiten über mechanische Mittel zur Erkennung dessen, was er „Das Stimmenphänomen" nannte. Dieses ist allerdings nie erschienen.

Ende der 20er Jahre

Der italienische Aristokrat und Medium Graf Centurione Scotto macht auf Schloss Millesimo Grammophonaufnahmen von der „direkten Stimme". Der Graf hatte sich die Gabe scheinbar durch „psychische Ansteckung" von dem umstrittenen Medium George Valiantine zugezogen.

1928

Thomas Edison arbeitet an einem Gerät, von dem er sich erhofft, dass es die Kommunikation mit den Toten ermöglicht, indem er einen chemischen Apparat mit der Substanz Kaliumpermanganat verwendet.

30er Jahre

Die skandinavischen Militärs fangen die wahrscheinlich ersten mehrsprachigen Nachrichten überhaupt auf. Diese wurden für fehlgeleitete Übertragungen der Nazi-Bewegung gehalten, erreichten im März 1934 ihren Höhepunkt und hörten dann abrupt auf. Als die Archive nach dem Krieg durchsucht wurden, fand man jedoch keine Beweise für eine deutsche Beteiligung.

1936

Attila Von Szalay begann mit einem Packard-Bell-Schallplattenschneider und - abspielgerät zu experimentieren, und versuchte, paranormale Stimmen auf Schallplatten festzuhalten. Auch der Amateurfunker Gordon Cosgrave in London fängt offenbar Morse-Nachrichten zwischen der „Titanic" und der „Carpathia" auf, die 24 Jahre zuvor, im Jahre 1912, gesendet wurden, als die „Carpathia" zur Rettung der gestrandeten „Titanic" raste.

1950

Der Patentingenieur und Funkamateur John Otto entdeckt zusammen mit einer Gruppe örtlicher Funkamateure in Chicago ungewöhnliche Signale unbekannter Herkunft auf nicht veröffentlichten Frequenzen. Es handelt sich um eine Art polyglottes Singen und Sprechen in schnellen Intervallen, bei denen die Teilnehmer erkannten, dass sie sich von allem unterscheiden, was durch reguläre Quellen übertragen wird.

Anfang der 50er Jahre

In Manchester wird eine „Electronic Communication Society" gegründet, in der ernsthafte Versuche unternommen werden, die durchdringenden Energien des Séance-Raums mit elektronischen Mitteln zu verstärken. George Hunt Williamson, Autor von „Other Tongues - Other Flesh" berichtet von aufdringlichen Stimmen unbekannter Herkunft auf dem Tonband, während ein anderer Amerikaner namens John Keel, der weltweit UFO-Berichte untersucht, mit Dutzenden von Berichten über aufdringliche Stimmen aufwartet, die aus militärischen und zivilen Quellen stammen. In seinem Buch „Our Haunted Planet" widmet Keel diesen Übertragungen ein ganzes Kapitel.

1952

Zwei katholische Priester, Pater Ernetti und Pater Gemelli, arbeiteten zusammen in der Musikforschung. Ernetti war ein international angesehener Wissenschaftler, ein Physiker und Philosoph, aber auch ein Musikliebhaber. Gemelli war Präsident der Päpstlichen Akademie. Am 15. September 1952, während Gemelli und Ernetti einen gregorianischen Choral aufnahmen, zerbrach ein Draht an ihrem Magnetophon. Verzweifelt schaute Pater Gemelli auf und bat seinen verstorbenen Vater um Hilfe. Zum Erstaunen der beiden Männer antwortete die Stimme seines Vaters, die auf dem Magnetophon aufgezeichnet war: „Natürlich werde ich euch helfen. Ich bin immer bei dir."

Sie wiederholten das Experiment, und dieses Mal sagte eine sehr klare Stimme voller Humor: „Aber Zucchini, es ist klar, merkst du nicht, dass ich es bin?" Vater Gemelli starrte auf das Band. Keiner kannte den Spitznamen, mit dem ihn sein Vater als Junge immer gehänselt hatte. In diesem Moment wurde ihm klar, dass er wirklich mit seinem Vater sprach. Obwohl sich seine Freude über das scheinbare Überleben seines Vaters mit Angst mischte, fragte er sich, ob er überhaupt das Recht hatte, mit den Toten zu sprechen?

Schließlich suchten die beiden Männer Papst Pius XII. in Rom auf. Pater Gemelli, tief beunruhigt, erzählte dem Papst von seinem Erlebnis. Zu seiner Überraschung klopfte ihm der Papst auf die Schulter und sagte: „Lieber Pater Gemelli, Sie brauchen sich wirklich keine Sorgen zu machen. Die Existenz dieser Stimme ist eine rein wissenschaftliche Tatsache und hat überhaupt nichts mit Spiritismus zu tun. Der Rekorder ist völlig objektiv. Es empfängt und zeichnet nur Schallwellen auf, egal woher sie kommen. Dieses Experiment kann vielleicht der Grundstein für eine wissenschaftliche Studie werden, die den Glauben der Menschen an ein Jenseits stärken wird."

Der Pater war einigermaßen beruhigt. Jedoch sorgte er dafür, dass dieses Experiment bis zu seinen letzten Lebensjahren nicht an die Öffentlichkeit gelangte. Erst 1990 wurden die Ergebnisse veröffentlicht.

1956

In Hollywood zeichnet der Fotograf und das unabhängige Stimm-Medium Attila Von Szalay gemeinsam mit einem Psychologen namens Raymond Bayless Stimmen auf Magnetband auf, die es eigentlich gar nicht geben dürfte. Von Szalay hatte seit 1947 mit Schallplatten und Drahtaufzeichnungsgeräten experimentiert und es war ihm gelungen, schwaches Flüstern einzufangen. Sie nannten die Stimmen, die sie einfingen, „Antennenstimmen“ und berichteten über ihre Entdeckung im „Journal of the American Society for Psychical Research“.

1959

Im Juli dieses Jahres nimmt der in Odessa geborene Künstler und Filmproduzent Friedrich Jürgenson auf seinem Anwesen in Mölnbo, Schweden, die Stimme seiner Mutter mit einem Tonbandgerät auf. Sie war vier Jahre zuvor gestorben. In den folgenden Jahren nimmt er Tausende von Stimmen aus dem Jenseits auf und gilt als „Vater“ der EVP.

1964

Nach 5-jähriger Forschung veröffentlicht Jürgenson seine Erkenntnisse in seinem Buch Rösterna Från Rymden (Stimmen aus dem Universum). Attila von Szalay zeichnet zum ersten Mal Stimmen seiner verstorbenen Verwandten mit dem Tonband auf.

1965

Ein weithin bekannter lettischer Philosoph und Psychologe, der Autor von sechs Büchern, Dr. Konstantin Raudive, erfährt von der Arbeit Jürgensons. Er interessierte sich schon lange für die direkte, stimmlich-physische Art der Medialität, die ihren Anfang in seiner frühen Studienzeit an der Universität Edinburgh im Jahr 1934 genommen haben dürfte.

Er lernt Jürgenson kennen und startet sein eigenes Forschungsprojekt in Deutschland, zunächst mit einem gewöhnlichen Kristallgerät, dem „Katzenschnurrbart“ der Anfangszeit des Radios. In der Folgezeit holt er sich die Hilfe von Friedberg Karger, einem Plasmaphysiker am Max-

Planck-Institut in München und weiteren Elektrotechnikern. Theodor Rudolph, ein Hochfrequenzelektroniker der berühmten Firma Telefunken, konstruiert für ihn ein Instrument, das er „Goniometer" nennt. Dr. Raudive nimmt schließlich über 100.000 körperlose Stimmen auf.
Sein Buch „Durchbruch" ist der Impulsgeber für viele der heutigen Forscher.

1967

Thomas Edison sprach durch die westdeutsche Hellseherin Sigrun Seuterman, die sich in Trance befand, über seine früheren Bestrebungen im Jahre 1928, Geräte zur Aufnahme von Stimmen aus dem Jenseits zu entwickeln. Edison unterbreitete auch Vorschläge, wie man Fernsehgeräte modifizieren und auf 740 Megahertz abstimmen könnte, um paranormale Effekte zu erzielen. Diese Sitzung wurde von Paul Affolter, Liestal, Schweiz, auf Band aufgenommen.

Der Österreicher Franz Seidl erfindet in Wien das „Psychophon".

1968

Pater Leo Schmid aus dem schweizerischen Oeschgen im Kanton Aargau, wurde eine kleine Pfarrei übertragen, um ihm Zeit zu verschaffen, mit dem Abhören von Stimmen zu experimentieren. Sein Buch „Wenn die Toten Reden" wurde 1976, kurz nach seinem Tod, veröffentlicht.

Raudive publiziert sein Buch „Unhörbares wird hörbar", das auf seinen 72.000 aufgenommenen Stimmen basiert.

1970

D. Scott Rogo und Raymond Bayless veröffentlichen „Phone Calls from the Dead".

1971

Raymond Cass beginnt zu experimentieren. Er produziert Beispiele für die viel umstrittenen „polyglotten" Stimmen, bei denen ein einziger Satz die Elemente verschiedener Fremdsprachen enthält.

Colin Smythe publiziert erläuternde englische Übersetzungen von Raudives Buch: „Breakthrough, an Amazing Experiment in Electronic Communication with the Dead".

Marcello Bacci und seine Mitarbeiter in Grosseto, Italien, nehmen wöchentlich Kontakt mit Geist-Kommunikatoren auf, der selbst 1988 noch anhält.

William Adams Welch veröffentlicht seine Erkenntnisse „Talks with the Dead". Die Amerikaner Paul Jones, George W. Meek und Hans Heckman eröffnen ein Labor. Damit soll die erste ernsthafte Forschung zur Schaffung eines Zwei-Wege-Sprachkommunikationssystems etabliert werden, dass weitaus ausgereifter ist als die bei der EVP-Technik verwendeten Geräte.

1972

George Gilbert Bonner, ein englischer Psychotherapeut und Künstler, benutzt einen Spulenrekorder und ein batteriebetriebenes Radio, das auf weißes Rauschen „white noise" eingestellt ist, um als Träger für Stimmen zu dienen und beginnt nach der Lektüre des Buches von Dr. Raudive zu experimentieren. Er fragt in sein Mikrofon: „Kann mich jemand hören und möchte jemand mit mir sprechen?", ohne irgendeine Antwort zu erwarten. Er empfing die Antwort in einem Zischen und Rauschen des Tones, „Ja".

In den darauffolgenden 22 Jahren nahm Bonner mehr als 50.000 Geisterstimmen auf. Etwa zur gleichen Zeit beginnt Raymond Cass mit der Erforschung der EVP mit Hilfe eines kleinen batteriebetriebenen Radios, das auf „weißes Rauschen" eingestellt war.

Er nahm im Laufe der Jahre Tausende von klaren, körperlosen Stimmen auf, welche sprachen und sangen, und stellte die Theorie auf, dass seine Nähe zu einem nur 30 Meter entfernten Röntgengerät eine Abstrahlung produzierte, die mit der gewählten Frequenz des Flugfunks „pulsierte" und einen kurzzeitigen Zustand erzeugte, der es den Stimmen ermöglichte, sich mitzuteilen.

1973

Die Brüder Joseph und Michael Lamoreaux hatten nach der Lektüre des Buches von Raudive Erfolg mit der Aufnahme paranormaler Stimmen.

1975

Gründung der deutschen VTF (Verein für Transkommunikation) -Forschungsgruppe.

William Addams Welch, Drehbuchautor und Bühnenautor, verfasst „Talks with the Dead“ (Gespräche mit den Toten).

1978

William O'Neil, Mitarbeiter von George Meek, hat mit Hilfe eines modifizierten Seitenbandradios einen kurzen, aber beweiskräftigen Kontakt mit einem amerikanischen Arzt, der fünf Jahre zuvor gestorben sein soll.

1981

Manfred Boden hat ungewollt Kontakt mit Sprechern der nichtmenschlichen Evolution per Telefon und Computer.

1982

George Meek (Entwickler des Spiricom) veröffentlicht seine Ergebnisse und setzt seine Forschung mit einer Reihe von Funkoszillatoren fort. George Meek reiste darüber hinaus um die Welt und verteilte Tonbandaufnahmen von 16 Auszügen der Kommunikation zwischen William O'Neil und einem amerikanischen Wissenschaftler, der 14 Jahre zuvor gestorben war.

Er verbreitete außerdem einen 100-seitigen technischen Bericht mit Schaltplänen, Fotos, technischen Daten und Richtlinien für die Forschung durch Dritte.

noch 1982

Der Elektronik-Ingenieur Hans-Otto König hilft Radio Luxemburg bei der Live-Übertragung eines angeblichen Zwei-Wege-Gesprächs mit einer toten Person. Dabei verwendet König ein Ultraschallgerät, nachdem er die Arbeit von Meek intensiv studiert hat. Unter Aufsicht der Tontechniker des Senders wird das Gerät aufgebaut, an eine Lautsprecheranlage angeschlossen und angeschaltet. Nach ein paar Sekunden ist eine klare Stimme zu hören, die sagt: „Otto König macht Funkverkehr mit den Toten".

Er entwickelt ausgeklügelte elektronische Geräte, die extrem niedrige Überlagerungsfrequenz-Oszillatoren, ultraviolettes und infrarotes Licht etc. verwenden.

Sarah Estep gründet die American Association of EVP (AA-EVP).

Zur gleichen Zeit wurde auch eine Entdeckung von den drei italienischen Wissenschaftlern Roberto Benzi, Alfonso Sutera und Angelo Vulpiani gemacht. Sie fanden heraus, dass ein Hintergrund aus weißem Rauschen (oder Gaußschem Rauschen) die EVP-Ergebnisse begünstigt.

Die drei veröffentlichten ihre Ergebnisse 1995 in der August-Ausgabe des „Scientific American"; dieses Phänomen wurde als „stochastische Resonanz" (SR) bezeichnet. Stochastische Resonanz kann genutzt werden, um Transmissionsamplituden unterhalb der Nachweisgrenze eines Instruments zu messen.

1984

Der Brite Kenneth Webster erhält über mehrere verschiedene Computer 250 Mitteilungen von einer Person, die im 16. Jahrhundert lebte. Die meisten Auszüge sind in englischem Text, der mit der Sprache zu diesem Zeitpunkt in der Geschichte übereinstimmt, sowie persönlichen Details, die vollständig durch Bibliotheksrecherchen unterstützt werden. Die Übertragungen gehen oft mit poltergeistartigen Phänomenen einher.

Webster schreibt 1989 das Buch „The Vertical Plane" mit einer umfangreichen Fotodokumentation.

1985

Mit technischer Unterstützung von Martin Wenzel beginnt Klaus Schreiber unter Verwendung von opto-elektronischen Rückkopplungssystemen, Bilder von toten Personen auf TV-Bildröhren zu erhalten. Durch eine begleitende Audiokommunikation gelingt in vielen Fällen eine positive Identifikation, darunter auch ein Audio-Video-Kontakt mit den beiden verstorbenen Ehefrauen Schreibers. Diese Arbeit ist Gegenstand eines dokumentarischen Fernsehfilms und eines Buches von Rainer Holbe von Radio Luxemburg.

1986

Die Luxemburger Jules und Maggie Harsch-Fischbach entwickeln und betreiben zwei elektronische Systeme, die allen den bis dahin bekannten EVP-Geräten überlegen sind.

Der Schweizer Elektronik-Ingenieur Klaus Schreiber erhält Bilder der Toten im Fernsehen mit Hilfe eines Apparates, den er „Vidicom“ nennt und der aus einem speziell angepassten Fernseher besteht, der zwar eingeschaltet, aber nicht an eine Antenne angeschlossen ist und vor dem eine Videokamera angebracht wurde, die um Bilder aufzunehmen, die auf dem Bildschirm erscheinen.

Gründung der CETL (Cercle d'études sur la transcommunication - Studienkreis zur Transkommunikation) in Luxemburg.

1994

Hans Otto König stellt einen Feldgenerator her, um mit den Toten zu kommunizieren, von denen er behauptet, dass sie auf einer Bandbreite von 5 KHz oszillieren.

1995

Gründung der INIT (International Network for Instrumental Trans-Communication, ITC) in Grossbritannien.

2003

Der schottische Forscher Alexander MacRae unternahm eine Reihe von Versuchen, EVP in einem speziell konstruierten Labor des Institute of Noetic Science in Kalifornien aufzuzeichnen. Das Labor wurde als „doppelt abgeschirmt" beschrieben; abgeschirmt gegen elektromagnetische Strahlung, um Störungen durch Funkübertragungen oder nahegelegene elektronische Geräte zu verhindern, und schallisoliert, um eine Kontamination der Aufnahmen durch externe Geräuschquellen zu verhindern.

Im Verlauf des Experiments berichtete MacRae, dass er eine Reihe von Anomalien aufzeichnete, die anschließend isoliert und analysiert wurden. Basierend auf diesen Untersuchungen und dem Grad der Abschirmung gegen äußere Störungen kam MacRae zu dem Schluss, dass die Anomalien eindeutige Sprache aus einer Quelle darstellten, die mit herkömmlichen Mitteln nicht erklärt werden konnte.

2007

Gründung der Interessengemeinschaft „Paranormale Forschung Baden-Württemberg", welche aus Mitgliedern verschiedenster Berufe, wie zb. Biochemiker, Theologe, Tontechniker, Elektriker, Psychologe bestand. Die Gruppe stand in der Tradition der Atlantic Paranormal Society (TAPS) aus den USA und arbeiteten hauptsächlich rein technischer Form von Versuchsreihen, und lehnten die spiritistisch mediale Arbeit ab. Die Gruppe löste sich 2012 auf.

2015

Der Pionier der instrumentellen Transkommunikationsforschung, Dr. Ernst Senkowski stirbt am 13. April. Senkowski zählte zu den wichtigsten Vertretern der Erforschung des sogenannten Tonbandstimmenphänomens, dessen Arbeiten selbst von den Massenmedien und Kritikern ungewöhnlich wertfrei dargestellt und beurteilt wurde.

EVP HEUTE

EVP hat sich etwas von dem Bild eines Forschers entfernt, der stunden lang vor einem Tonbandgerät sitzt und darauf wartet, dass eine körperlose Stimme zu ihm durchdringt. Das digitale Zeitalter ist schon längere Zeit angebrochen und die Technologie bietet uns viel mehr Möglichkeiten, um Experimente durchzuführen.

Bis heute haben EVP-Experimente auf der ganzen Welt weit mehr Beweise für ein Leben nach dem Tod erbracht als jeder andere Aspekt der paranormalen Forschung.

KAPITEL 4

Electronic Voice Phenomena - EVP

- Was ist EVP?
- Die verschiedenen EVP-Typen
- Wie entstehen EVPs?
- Mit wem kommunizieren wir eigentlich?
- Die EVP-Ausrüstung
- Dateien sichern
- Analyse der Aufnahmen
- Aufnahmetechniken
- EVP-Sitzung: Fragen, die Sie stellen sollten

4

Electronic Voice Phenomena - EVP

WAS IST EVP?

Elektronische Stimmenphänomene, bekannt als EVPs, sind entweder ein Geräusch oder eine Stimme, die auf einer Vielzahl von Aufnahmegeräten aufgezeichnet werden können. Diese Stimmen werden seit vielen Jahren und unter einer Vielzahl von verschiedenen Umständen dokumentiert. Was Sie als Ermittler tun, ist, auf der Wissensbasis aufzubauen, was diese Stimmen und Geräusche sein könnten, und wenn wir herausfinden wie sie aufgenommen wurden.

DIE VERSCHIEDENEN EVP-TYPEN

Klasse A

Laut und deutlich - wird von allen Hörern gleich interpretiert, ohne dass dazu Hörhilfen (Kopfhörer) benötigt werden.

Klasse B

Relativ deutlich - wird von einigen Zuhörern unterschiedlich interpretiert, was oft die die Verwendung einer Hörhilfe erfordert.

Klasse C

Erfordert Kopfhörer zur Unterscheidung der Stimmen und ist offen für individuelle Interpretationen. Bei dieser Klasse einer EVP sollte man nur bei Bedarf die Lautstärke erhöhen und dem Klienten erklären, dass man keine Angaben darüber machen kann, was gesagt wird.

Wenn Sie eine Software zur Modifizierung der EVPs verwenden, dann achten Sie darauf, dass Sie nur die Lautstärke erhöhen oder versuchen, nur einen Teil des aufgezeichneten Rauschens zu entfernen. Wenn Sie eine EVP ständig bearbeiten müssen, um sie hervorzuheben, dann haben Sie zu weit modifiziert und es handelt sich im Grunde um eine manipulierte EVP.

Um Klarheit zu schaffen, sollten Sie in Ihrem Bericht immer angeben, was Ihrer Einschätzung nach gesagt wird, wobei Sie für Ihren Kunden die Möglichkeit offenlassen, seine eigene Interpretation vorzunehmen.

WIE ENTSTEHEN EVPs?

Es gibt eine Menge Spekulationen darüber, wie dieses Phänomen zustande kommt. Ich kann Versuche bezeugen, die mit mehreren Rekordern in verschiedenen Szenarien durchgeführt wurden. Es ist mir aufgefallen, dass es kein einheitliches Muster dafür gibt, wie und wann sie aufgezeichnet werden.

Es wurden bis zu 8 Aufnahmegeräte in einem Kreis von nicht mehr als 60 cm Durchmesser aufgestellt und nur eines der Geräte hat auch tatsächlich eine EVP aufgezeichnet.

Warum das geschieht, ist das, was man versucht, herauszufinden. Da ich dies aus unmittelbarer Nähe gesehen habe und auch viele ähnliche Experimente mit dem gleichen Ergebnis, vermute ich, dass die EVP dem Gerät „eingeprägt" und nicht einfach aufgezeichnet wird. Wenn es die Stimme tatsächlich aufgezeichnet hat, dann sollten die anderen es auch aufgezeichnet haben, oder?

MIT WEM KOMMUNIZIEREN WIR EIGENTLICH?

Das ist die zentrale Frage, die wir versuchen zu beantworten. Könnte das tatsächlich Tante Frieda sein oder ist es der Teufel selbst, der vorgibt, Tante Frieda zu sein? Wir kennen die Antwort auf diese Frage noch nicht. Wir denken, dass wir mit dem Wesen kommunizieren, von dem wir glauben, dass es den Ort bewohnt, an dem wir uns befinden. Wir hoffen, dass es Tante Frieda ist, aber in Wahrheit gibt es noch immer keine zuverlässige Methode, um dies zu erkennen.

Eine Besonderheit ist, dass bei diesen Kommunikationen eine Art Energieaustausch zwischen dem Untersuchenden und diesem Geist stattfindet. Es handelt sich um eine Art von Austausch, für den beide Parteien offen sein müssen. Wenn Sie an einem Ort sind und mit der Einstellung „Warum bin ich eigentlich hier?" herumsitzen, kann ich Ihnen beinahe versprechen, dass Sie keine EVPs aufzeichnen werden.

Wenn Sie stattdessen in einer guten Grundstimmung sind, die offen für diesen Energieaustausch ist, kann daraus möglicherweise eine Aufzeichnung hervorgehen. Normalerweise ist sich der Forscher seiner Rolle bei dieser Informationsübertragung nicht wirklich bewusst. Seine Einstellung sowie sein Wunsch sind eine entscheidende Komponente, damit dieser Energieaustausch erfolgreich sein kann.

Überall auf der Welt nehmen Menschen seit Jahren EVPs auf. Wie kann es also sein, dass manchmal ein deutscher Ermittler eine deutsche EVP aufzeichnet, während er z. B. gerade in den USA weilt? Dies spricht dafür, dass der Ermittler ein wichtiger Überträger dieses Energieaustausches ist und nicht der einzige deutschsprachige Geist, der ihn gefunden hat, während er sich dort aufhielt.

Doch was bedeutet das? Grundsätzlich, wenn eine Entität kommunizieren will, muss sie einen Weg finden, ihre Worte in unsere Realität zu bringen. Der Ermittler stellt das Medium (Diktiergerät) und den Kanal zur Verfügung, damit dieser Kommunikationsaustausch stattfinden kann. Dies mag für Sie nicht beim ersten Mal oder auch nicht beim zweiten Versuch funktionieren, doch wenn Sie es einfach weiter versuchen und beharrlich bleiben, haben Sie vielleicht eines Tages den besten Beweis, der jemals aufgenommen wurde.

DIE EVP-AUSRÜSTUNG

Die Grundausstattung, die Sie benötigen, um mit EVPs effizient zu arbeiten, ist ein digitales Aufnahmegerät, ein Computer und eine Analyse-Software. Ich würde ebenso empfehlen, geräuschreduzierende Kopfhörer zu verwenden. Dies sind die nötigen Grundlagen, um zu beginnen. Die meisten Geräte sind preiswert und problemlos erhältlich.

Einige Menschen ziehen es allerdings vor, einen Kassettenrekorder zu verwenden (Ja, sie existieren noch!). Es stellt kein Problem dar, damit zu arbeiten, aber Sie müssen sich über einige Dinge im Klaren sein, wenn Sie sich für diese Vorgehensweise entscheiden. Verwenden Sie immer ein neues, unbenutztes Band, wenn Sie mit EVPs arbeiten. Auf diese Weise kann sichergestellt werden, dass es keine Verunreinigungen durch eine frühere Aufnahme gibt.

Es existieren unterschiedliche Modelle dieser Art von Aufnahmegeräte, und Sie werden feststellen, dass Sie den Mechanismus und etwaige Betriebsgeräusche aus dem Inneren des Geräts mit aufnehmen. Um dieses Problem zu vermeiden, sollten Sie ein externes Mikrofon verwenden. Ein kleines omnidirektionales Mikrofon (Kugelkopfmikrofon) ist eine kostengünstige Lösung dafür und Sie können es dort erwerben, wo Sie Ihren Rekorder gekauft haben.

Ich schlage vor, dass Sie eine akzeptable Audiobearbeitungssoftware finden und sich damit vertraut machen. Derartige Programme sind ein gutes Werkzeug, um Ihre EVPs geringfügig zu manipulieren und sie in kleinere, handlichere Dateien zu reduzieren. Bei der Verwendung dieser Programme sollten Sie die Aufnahme nie zu sehr bearbeiten, sonst erhalten Sie am Ende eine EVP, die künstlich klingt und damit kein gutes Beweismittel ist.

Beachten Sie beim Arbeiten mit dem Programm, dass Sie nie direkt mit der Originalaufnahme arbeiten, sondern immer an einer Kopie. Auf diese Weise haben Sie eine zusätzliche Absicherung.

DATEIEN SICHERN

Ich kann nur empfehlen, dass Sie die vollständige Aufnahme zur Überprüfung hochladen, bis Sie sich mit Ihrem Recorder vertraut gemacht haben. Die entsprechenden Passagen können Sie zu einem späteren Zeitpunkt immer noch herausschneiden.

Es ist wichtig, dass Sie die Zeiten für alle Ihre Aufzeichnungen protokollieren. Sie müssen entweder die Zeit am Anfang jeder Aufnahme mündlich hinzufügen oder Sie haben ein Aufnahmegerät, das die Zeit für Sie erfasst. Ich persönlich verwende Letzteres und es macht das Leben wesentlich einfacher. Jetzt können Sie Ihre Aufnahmen begutachten.

Viele der Aufnahmegeräte werden bereits mit Software geliefert, die Sie auf Ihren Computer herunterladen können. Ich verfüge über mehrere digitale Diktiergeräte verschiedener Hersteller, die alle mit Software geliefert wurden, und ich benutze diese Geräte nach wie vor als meine primären EVP-Aufnahmegeräte.

ANALYSE DER AUFNAHMEN

Sie sollten Ihre Aufnahmen mit der Software herunterladen, die mit Ihrem Aufnahmegerät geliefert wurde. Wenn Sie glauben, eine EVP festgehalten zu haben, markieren Sie auf einem separaten Blatt Papier den Abschnitt der Aufnahme, geben die Nummer der Aufnahme an und notieren, zu welchem Zeitpunkt während der Aufnahme Sie glauben, dass etwas aufgezeichnet worden sein könnte.

Nach der ersten Durchsicht aller Aufnahmen ist es an der Zeit, die Abschnitte, in denen es mögliche EVPs gibt, noch einmal genauer unter die Lupe zu nehmen. Zu diesem Zeitpunkt sollten die Kopfhörer bereit liegen, falls erforderlich. Wenn Sie auf einen Abschnitt treffen, der möglicherweise eine EVP enthält, müssen Sie unter Umständen das Dateiformat in ein anderes umwandeln, das mit Ihrer Bearbeitungssoftware kompatibel ist. Dies ist jetzt der Zeitpunkt dazu, und denken Sie daran, immer das Original beizubehalten.

Nun haben Sie also etwas, was Sie für eine mögliche EVP erachten. Sie haben Ihre neue Datei eindeutig beschriftet und in Ihrem Bericht darauf hingewiesen, dass dieses „potentielle" Beweisstück existiert. Falls es sich nicht um eine EVP handelt, können Sie es später immer noch aus Ihrem Bericht entfernen.

Nun können Sie diesen Audioclip in ein handliches Teilstück zerlegen. Wenn Sie eine Frage gestellt und eine unmittelbare Antwort erhalten haben, ist es sinnvoll, Ihre Stimme, die die Frage gestellt hat, mit der eigentlichen EVP - Aufnahme zu hinterlassen. Auf diese Weise kann jeder den Kontext der Tonaufnahme verstehen und gibt auch dem Kunden und anderen die Möglichkeit, einen eigenen Stimmenvergleich durchzuführen, falls dies gewünscht werden sollte.

AUFNAHMETECHNIKEN

Die Verfahren zur Aufnahme variieren von Person zu Person, insbesondere wenn sie Ihren eigenen Stil entwickeln. Normalerweise begrenze ich bei einer EVP-Aufnahmesitzung die Länge meiner Aufnahmen auf ein Minimum.

Das liegt daran, dass man alle Aufnahmen durchsehen muss, um sie angemessen untersuchen zu können. Wenn Sie drei oder mehr Stunden aufgenommen haben, dann müssen Sie auch drei oder mehr Stunden lang intensiv zuhören. Die durchschnittliche Aufnahmezeit, die ich bei einer dreistündigen Untersuchung einplane, beträgt etwa fünfundvierzig Minuten bis maximal eine Stunde, und das schließt auch die Anmerkungen zur Untersuchung ein.

Wenn Sie eine EVP-Sitzung durchführen, bereiten Sie sich darauf vor, eine Reihe von Fragen zu stellen und lassen Sie zwischen den Fragen mindestens 10 Sekunden Zeit, um eine mögliche Antwort aufzuzeichnen.

Beschränken Sie diese Durchgänge auf Intervalle von etwa 30-60 Sekunden. Auf diese Weise haben Sie eine kontrollierbare Menge an Aufnahmen, die Sie überprüfen müssen, und Sie haben auch einen Fixpunkt, wenn Sie während der Überprüfung eine Pause benötigen - und glauben Sie mir, nach einer Weile werden Sie diesen Zwischenstopp brauchen.

Das leitet nun dazu über, was man während einer typischen EVP-Sitzung fragen sollte. Auch das ist von Ermittler zu Ermittler unterschiedlich. Achten Sie nur darauf, keine Frage mit offenem Ende zu stellen. Dies bedeutet, dass Sie nicht fragen sollten: „Können Sie ein Geräusch für uns machen?“

Was passiert, wenn das Geräusch ein Überschallknall neben Ihrem Ohr ist? Das wäre für keinen der Beteiligten gesund. Wenn Sie nach einem Geräusch fragen wollen, seien Sie konkret. „Können Sie sanft auf den Tisch klopfen, wenn Sie mit uns reden wollen?“ hört sich da schon besser an.

EVPs treten auf wo und wann immer sie wollen. Ich habe viele Tonbandstimmen nur dann gefunden, wenn ich mir Notizen über die Untersuchung machte oder mit dem Klienten sprach. Überprüfen Sie also bitte sorgfältig alle Ihre Aufzeichnungen.

EVP-SITZUNG: FRAGEN, DIE SIE STELLEN SOLLTEN

Vorab: Es gibt keine richtigen oder falschen Fragen, die Sie stellen können. Wenn Sie das „Gefühl" haben, es mit einem Kind oder einer älteren Frau zu tun zu haben, dann stellen Sie eine Frage, von der Sie denken, dass es oder sie sich darauf beziehen kann. Sollten Sie sich an einem Ort mit einem geschichtlichen Hintergrund befinden, stellen Sie Fragen, die sich auf diese Zeit in der Geschichte beziehen.

Je präziser Sie sein können, desto besser. Außerdem ist es gut, wenn Sie versuchen, die Fragen zu variieren. Als Ermittler kann man sich schnell langweilen, wenn man immer wieder dieselben eintönigen Fragen stellt. Ein weiterer Ansatz, den Sie versuchen sollten, ist, die gleiche Frage auf unterschiedliche Weise zu stellen. Diese Methode wird verwendet, um zu überprüfen, ob Sie wirklich mit einem Geist kommunizieren und nicht irgendwelche zufälligen Radio- oder Fernsehsignale auffangen.

Wenn Sie mit der Aufnahme beginnen, erklären Sie laut, was Sie tun werden. Dies wird diejenigen, die mit Ihnen im Raum sind, wissen lassen, dass Sie ein Aufnahmegerät haben, das ihre Stimme aufnehmen kann, sofern sie sich entscheiden, in das Gerät zu sprechen.

Deuten Sie auf die Stelle, an der sich das Mikrofon befindet und bitten Sie die Entität, laut und deutlich zu sprechen. Sagen Sie ihr, dass Sie sie unter Umständen nicht hören, während Sie dort sitzen, dass Sie sie aber später hören könnten, wenn Sie in das Gerät abspielen. Wenn Sie eine zweite Reise an den Ort planen, an dem Sie sich befinden, sagen Sie den Geistwesen, dass Sie vielleicht eine Antwort auf ihre Fragen geben können, wenn Sie zurückkehren.

Nun ist es an der Zeit, Ihre Fragen zu stellen. Nachdem Sie eine Frage gestellt haben, lassen Sie sich etwas Zeit, um eine Antwort zu erhalten; warten Sie mindestens 10 Sekunden. Die Anzahl der Fragen, die Sie stellen möchten, ist Ihre persönliche Entscheidung.

Aber bedenken Sie, je mehr Sie fragen, desto mehr müssen Sie auch überprüfen.

Machen Sie es sich bequem und entspannt, während Sie eine EVP-Sitzung durchführen. Sie sind der Kanal, durch den die Phänomene übertragen werden. Wenn Sie nicht in der richtigen Gemütsverfassung sind, lassen Sie andere die Fragen stellen und aufzeichnen. Während der EVP-Sitzung ist Ihre innere Einstellung sehr wichtig.

Eine letzte Sache, die wir in Bezug auf die Aufnahme von EVPs erwähnen sollten: In der Vergangenheit haben wir festgestellt, dass, wenn Gespräche zwischen Ermittlern stattfinden, man in der Lage sein kann, auch andere Stimmen von Entitäten zu vernehmen. Aus diesem Grund haben wir uns angewöhnt, unsere Aufnahmegeräte während unserer Gespräche bei einer Untersuchung einzuschalten. Man kann nie wissen.

Nachfolgend sind einige allgemeine Fragen aufgeführt, die Sie verwenden können, wenn Sie die ersten Schritte machen:

- Gibt es hier jemanden, der mit uns sprechen möchte?
- Wie ist Ihr Name?
- Wie alt sind Sie?
- War das Ihr Zuhause?
- Können Sie uns sehen?
- Wie viele von uns können Sie sehen?
- Welche Farbe haben Ihre Augen?
- Haben Sie eine Lieblingsfarbe?

Seien Sie am Ende Ihrer Aufnahmesitzung immer höflich, denken Sie daran, dass Geister auch Menschen sind und wenn Sie ihnen gegenüber respektvoll sind, sind diese möglicherweise offener, mit Ihnen zu kommunizieren.

Einige Ratschläge zur Verwendung eines digitalen Aufnahmegeräts:

- Lassen Sie alle Anwesenden ihren Namen in Ihr Aufnahmegerät sprechen, damit Sie später einen Stimmenvergleich haben, für den Fall, dass Sie nicht sicher sind, ob jemand in der Gruppe während der Aufnahme gesprochen hat.
- Vergewissern Sie sich, dass Ihr Rekorder über eine integrierte Zeitstempel-Funktion verfügt. Falls nicht, schauen Sie einfach auf Ihre Uhr und vermerken Sie die Zeit, sobald Sie eine Notiz machen oder

eine EVP-Sitzung starten.

- Verwenden Sie niemals die Sprachsteuerungs-Automatik. Diese könnte sich etwas zu spät einschalten und Sie verpassen möglicherweise ein wichtiges Beweisstück.
- Reden Sie immer in einer normalen Tonart und Lautstärke und flüstern Sie nicht. Wann immer Sie oder jemand in Ihrer Gruppe flüstert, kann das dazu führen, dass Sie annehmen, Sie hätten eine falsch-positive EVP.

Machen Sie sich während jeder Sitzung Notizen, sobald etwas zu hören ist, damit Sie später nicht denken, dass es ein unnatürliches Ereignis war. Notieren Sie zum Beispiel:

- Ein vorbeifahrendes Auto;
- Sirenen und Alarmanlagen;
- Jemand, der in Ihrer Gruppe herumläuft;
- Wenn jemand flüstert;
- Wenn Messgeräte aktiviert werden;
- Wenn andere Teammitglieder in angrenzenden Räumen irgendwelche Geräusche verursachen oder reden;
- Wettergeräusche, die den Einsatzort beeinflussen;
- Klappernde Fensterläden;
- Äste, die gegen ein Fenster stoßen;
- Regen;
- Donner;
- Wenn sichTüren öffnen und schließen;

Wenn Sie sich an einem Ort befinden, an dem leise Stimmen zu hören oder Bewegungen von anderen Teammitgliedern zu vernehmen sind, sollten Sie Ihre Kollegen bitten, Ihnen ausreichend Zeit für die Aufnahme zu geben.

Lassen sie andere wissen, dass sie gehört werden können. Damit vermeiden Sie unerwünschte Geräusche, wenn Sie später die aufgenommene EVP-Sitzung überprüfen. Außerdem ist es wichtig, andere im Raum wissen zu lassen, zu welchem Zeitpunkt Sie eine Aufnahmesitzung beginnen, damit sie mit Ihnen zusammen aufzeichnen können.

KAPITEL 5

Fotografieren für Ermittler

- Ihre Kamera verstehen
- So nehmen Sie ein Foto auf
- Wann sollte ich ein Foto machen?
- Fotoauswertung

5

Fotografieren für Ermittler

Die Tage des Films (35 mm) sind schon lange so gut wie gezählt. Zum einen ist dies eine gute Nachricht, da wir keine Kosten mehr für die Entwicklung des Films aufwenden müssen. Ein weiterer positiver Aspekt dieser Digitaltechnologie ist, dass man mehr Fotos macht, was wiederum die Chance erhöht, etwas Ungewöhnliches mit der Kamera festzuhalten. Wir verfügen nun über ein deutlich umfangreicheres Bildmaterial von jeder Untersuchung.

Früher war es üblich, nur zwei oder drei Filmrollen zu verwenden, was etwas mehr als hundert Fotos pro Gruppe ergab. Heute macht jeder Ermittler im Normalfall selbst Hunderte von Fotos. Je mehr Aufnahmen gemacht werden, desto größer sind die Chancen, etwas Interessantes zu erfassen, deshalb ist es sinnvoll, möglichst viele Einzelfotos zu machen.

IHRE KAMERA VERSTEHEN

Die Mehrheit der Ermittler verwendet heute einfache Digitalkameras, die relativ preiswert sind. Ich kann nur empfehlen, dass Sie eine Kamera mit einer möglichst hohen Auflösung verwenden. Anders gesagt, eine 10-Megapixel-Kamera ist besser als eine 5-Megapixel-Kamera. Je höher die Auflösung eines Fotos ist, desto geringer ist die Wahrscheinlichkeit, dass Sie etwas als paranormal bezeichnen, das nicht paranormal ist.

Die Anzahl der möglicherweise paranormalen Fotos ist im Laufe der Jahre exorbitant angestiegen und viele fragen nach dem Grund. Zunächst einmal ist die Digitalkamera in der Lage, das Infrarot-Lichtspektrum zu betrachten, welches für das bloße Auge unsichtbar ist. Sie können einen einfachen Test durchführen, indem Sie auf das Ende Ihrer Fernsehfernbedienung schauen, während Sie eine beliebige Taste drücken. Sie werden nichts sehen, aber wenn Sie nun dasselbe tun, während Sie durch Ihre Digitalkamera blicken, werden Sie die Infrarotsignale sehen, die von Ihrer Fernbedienung ausgesendet werden.

Digitalkameras ermöglichen auch die Aufnahme einer großen Anzahl von Fotos anstelle der alten Filmentwicklungsmethode. Sie sollten eine Speicherkarte verwenden, auf der Sie eine große Anzahl von Fotos speichern können. Die Größe der Fotos (Megapixel) bestimmt selbstverständlich auch die Anzahl der zu speichernden Fotos. Wenn Sie also eine Kamera mit hoher Auflösung (10 oder mehr Megapixel) besitzen, sollten Sie sicherstellen, dass Sie eine geeignete 10-Gigabyte-Speicherkarte für Ihre Kamera verwenden.

Einer der augenscheinlichsten Vorteile einer Digitalkamera ist die Nutzung der sofortigen Überprüfungsmöglichkeit. Sie können sofort sehen, ob Sie etwas erfasst haben, und sich weiterhin auf die betreffenden Bereiche konzentrieren.

Alle Digitalkameras verwenden optische Korrekturen, um das von Ihnen aufgenommene Foto zu bearbeiten. Dies kann so etwas Grundlegendes sein wie die Reduzierung des Rote-Augen-Effekts. Durch einige dieser Verbesserungen kann es zu bestimmten Abweichungen kommen, beispielsweise kann das Licht falsch interpretiert werden oder Pixel werden entfernt.

Die Position des Blitzes ist ein weiterer Übeltäter für Fehlaufnahmen. Bei den heutigen Digitalkameras hat sich der Abstand zwischen dem Objektiv und dem eingebauten Blitz verringert, wodurch sich der Winkel der Lichtreflexion zum Objektiv verringert. Die Wahrscheinlichkeit, dass Sie eine Reflexion von einem kleinen, zuvor für das bloße Auge unsichtbaren Teilchen aufnehmen, ist daher sehr hoch. Je näher der Blitz am Objektiv der Kamera ist, desto wahrscheinlicher ist es, dass das Licht von einem Feuchtigkeitströpfchen oder einem Staubkorn reflektiert wird, was als Rückstreuung bezeichnet wird.
Wenn Sie jemanden kennen, der eine digitale Spiegelreflexkamera hat, empfiehlt es sich, mit dieser Person einige Experimente zu unternehmen. Jeder von Ihnen sollte in identischen Umgebungen und unter einheitlichen Bedingungen Fotos machen.

Sie werden sehr bald feststellen, dass die kleinere Kamera mit dem Blitz in der Nähe des Objektivs mehr „Orbs“ oder falsch-positive Fotos erzeugt. Der Grund dafür, dass dies bei der Spiegelreflexkamera nicht vorkommt, ist die Anordnung des Blitzes zum Objektiv, er ist getrennt und auf der Oberseite der Kamera angebracht. Oft verwenden Ermittler einen zusätzlichen Blitz, um dien Blitz noch weiter weg zu platzieren, damit diese Probleme nicht auftreten.

Jetzt haben Sie also eine Kamera und werden diese bei Ihren Untersuchungen einsetzen. Was sollten Sie als erstes tun? Nun, machen Sie so viele Fotos unter den verschiedenartigsten Bedingungen und Lichtverhältnissen, wie Sie nur können. Verursachen Sie eine Staubwolke, indem Sie einige Ihrer Couchkissen aufeinanderschlagen und dann damit beginnen, den Staub zu fotografieren.

Fotografieren Sie bei jedem Wetter im Freien und fotografieren Sie Ihren Atem, wenn es draußen kalt ist. Machen Sie Fotos von Blütenstaub und Käfern bei Nacht und am Tag und untersuchen Sie, wie diese in Ihrer Kamera erscheinen. Viele der heutigen „Engel"-Fotos sind lediglich Aufnahmen von Käfern, die ihre Flügel ausbreiten. Probieren Sie, möglichst viele Aufnahmen bei den unterschiedlichsten Lichtverhältnissen zu machen.

Auf diese Weise erhalten Sie nach und nach eine Referenzbibliothek darüber, wie Ihre Kamera unter verschiedenen Bedingungen reagiert. Sie können dann immer auf diese Fotos zurückgreifen, wenn Sie glauben, eine paranormale Auffälligkeit fotografiert zu haben. Am wichtigsten ist es, die Fotos, die Sie gemacht haben, für Ihre Referenzbibliothek zu analysieren. Schließlich wollen Sie wissen, wonach Sie suchen müssen, und was sich von diesen Fotos unterscheidet, damit Sie möglicherweise fündig werden.

Wenn Sie glauben, etwas Ungewöhnliches eingefangen zu haben, seien Sie so skeptisch wie nur überhaupt möglich. Nehmen Sie niemals an, dass eine Auffälligkeit etwas Paranormales ist. Suchen Sie nach allen möglichen Erklärungsmöglichkeiten und versuchen Sie, die Aufnahme zu wiederholen. Dies ist die beste Vorgehensweise. Wenn Sie die Aufnahme reproduzieren können, haben Sie es mit sehr hoher Wahrscheinlichkeit nicht mit etwas Paranormalem zu tun.

Ein weiterer Aspekt, den viele Leute bei der Verwendung der Digitalkamera übersehen, ist die Verschlusszeit. Sie sollten diese so niedrig wie möglich einstellen. Wenn Sie sie nur eine Sekunde lang offenlassen, werden Sie diese Schlieren auf den Bildern haben, die Sie auf vielen Webseiten sehen können.

Auf diese Weise können Sie auch leicht ein Foto von einer „Erscheinung" anfertigen. Positionieren Sie Ihre Kamera an einem stationären Ort und schalten Sie den Selbstauslöser ein, um ein Bild aufzunehmen. Sobald der Blitz ausgelöst wird, beginnen Sie sofort, aus dem Bild zu gehen. Sie werden mit einem Foto zurückgelassen, das einer Erscheinung sehr ähnlich sieht. Deshalb beschäftigen Sie sich noch einmal mit Ihrer Kamera und stellen die Verschlusszeit richtig ein.

Als menschliche Wesen neigen wir dazu, in einer Ansammlung von Dingen nach vertrauten Formen zu suchen, was auch als Matrixing bekannt ist. Wenn Sie ein Foto von einem voll entwickelten Baum anfertigen, werden viele Menschen damit beginnen, Gesichter in den Formen der Blätter und den Lichteinfällen zu sehen. Dies ist auch als ein Zustand bekannt, der Pareidolie oder Apophänie genannt wird.

Dieses Verhalten ist normal und als Ermittler ist es erforderlich, dass Sie sich bewusst sind, dies während Ihrer Untersuchung zu beobachten.

SO NEHMEN SIE EIN FOTO AUF

Achten Sie darauf, dass Sie alle Objekte notieren, die zu einem falsch-positiven Foto führen könnten, wie z. B. Straßenlaternen, Spiegel und andere reflektierende Oberflächen. Achten Sie in öffentlichen Gebäuden auf die Ausgangsschilder, da diese notstromversorgt sind und immer eingeschaltet sein werden. Achten Sie auf aufgewirbelten Staub oder Schmutz. Reinigen Sie Ihr Objektiv (das mag wie selbstverständlich klingen, aber Sie wären überrascht, wie viele Leute dies nicht tun).

Fotos von Ektoplasma-Nebel können ein großartiges Beweismittel sein, ebenso wie Verwirbelungen. Versuchen wir also, alle potenziell falsch-positiven Fotos zu eliminieren, indem wir nicht rauchen und in den Wintermonaten auf unseren Atem achten.

- Stellen Sie sicher, dass Sie das Objektiv Ihrer Kamera während der Untersuchung regelmäßig reinigen; Sie könnten das Objektiv der Kamera versehentlich berühren, während Sie während Sie herumlaufen.
- Wenn Sie lange Haare haben, sollten Sie diese sorgfältig zurückbinden, denn es sind genau diese einzelnen Haare die immer wieder fotografiert und mit den Worten „Seht her, ich habe einen Vortex

aufgenommen!" gemeldet werden.

- Vergewissern Sie sich, dass Ihre Kamera neue Batterien verwendet oder dass sie voll aufgeladen ist; zur Sicherheit sollten Sie immer ein neues Batteriepack oder einen zweiten Akku mitnehmen.
- Die Speicherkarte sollte leer (formatiert) und bereit für eine neue Untersuchung sein.
- Entfernen Sie, wenn möglich, Ihren Kameragurt, wenn nicht, befestigen Sie ihn in Ihrer Hand oder über Ihrem Handgelenk. Es besteht die Möglichkeit, dass der Riemen vor das Objektiv gerät, so dass Sie die Aufnahme verwerfen müssen.
- Achten Sie darauf, wie Sie Ihre Finger platziert haben. Sie erhalten einige ziemlich coole aber unbrauchbare Aufnahmen, wenn Ihr Finger leicht über dem Blitz oder vor der Linse liegt, also seien Sie hier besonders vorsichtig.
- Die Wetterbedingungen sind sehr wichtig für die Aufnahme von Geisterfotos. Kalte und feuchte Luft sind die hauptsächlichen Übeltäter für falsche Nebelgestalten. Halten Sie am besten vor und nach der Aufnahme jeweils eine Sekunde lang den Atem an.
- Kontrollieren Sie, ob Sie alle reflektierenden Oberflächen bei der Begehung notiert haben.

WANN SOLLTE ICH EIN FOTO MACHEN?

Es gibt mehrere Situationen, in denen Sie Fotos machen sollten, und sie beginnen in dem Moment, in dem Sie am Ort angekommen sind. Hier sind einige der wichtigsten Zeitpunkte, um Aufnahmen anzufertigen:

- Machen Sie bei der ersten Begehung des Standorts mehrere Fotos von jedem Raum mit Blick in alle Richtungen. Wenn möglich, machen Sie eine 360°-Aufnahme einschließlich Boden und Decke. Dies zeigt Ihnen, wo sich alles befindet und gibt Ihnen einen Bezugspunkt, falls Sie diesen während Ihrer Untersuchung benötigen. Es zeigt auch reflektierende Oberflächen, auf die Sie während Ihrer Untersuchung achten müssen.
- Wenn Sie eine „lichtlose" bzw. Untersuchung im Dunkeln durchführen, schießen Sie eine weitere Serie von Fotos, sobald Sie mit der Untersuchung beginnen, erneut als Bezugspunkt und zur Ansicht in einer anderen Lichtverhältnissen.

- Machen Sie mehrere Fotos, wenn eine mögliche Aktivität aufgetreten ist, z. B. ein Klopfgeräusch oder eine sich öffnende Tür.
- Wenn Ihre Instrumente anzeigen, dass gerade etwas Ungewöhnliches stattgefunden hat, machen Sie unbedingt mehrere Fotos. Hier begehen viele Ermittler einen banalen Fehler. Fotografieren Sie nicht nur das Messgerät, welches die Anomalie aufgezeichnet hat, sondern auch den Bereich um das Gerät herum sowie den gesamten Raum. Auch Geister bewegen sich!
- Wenn eines Ihrer Team-Mitglieder sagt, dass er etwas wahrnimmt.
- Wenn Sie den Drang verspüren, einfach ein Foto zu machen, tun Sie das. Vielleicht sagt Ihnen etwas, dass sie gerade hier sind, um Hallo zu sagen.
- Es ist ebenfalls empfehlenswert, eine weitere Rundumaufnahme des Raumes zu machen, in dem Sie sich befinden, wenn Sie ihn verlassen. Auf diese Weise sehen Sie vielleicht etwas in einer anderen Position als zu Beginn; z. B. etwas, das sich bewegt hat, während Sie im Raum waren und nicht bemerkten.

Gebrauchen Sie Ihre vorhandenen Sinne. Wenn Sie etwas riechen, hören oder schmecken, das für Sie keinen Sinn ergibt, dann machen Sie eine Reihe von Fotos.

- Fragen Sie alle potenziellen Geister, ob Sie sie fotografieren dürfen.

- Zeigen Sie ihnen eine Fläche zum Stehen oder Sitzen und starten Sie einen kleinen Countdown: „3,2,1, Aufnahme!“ und bedanken Sie sich dann. Man kann nie wissen, aber einen Versuch ist es allemal wert.

- Machen Sie so viele Fotos wie möglich.

FOTOAUSWERTUNG

Eine der schwierigsten Aufgaben die wir als paranormale Ermittler haben, ist die Überprüfung von fotografischen Beweisen. Um unsere Fotos richtig zu analysieren, benötigen wir Aufgeschlossenheit, aber gleichzeitig auch ein kritisches Bewusstsein. Diese Art von Beweisen ist offen für Interpretationen, also müssen wir sehr sicher sein, wie wir ein positives Foto definieren, denn schließlich hängt unser Ruf davon ab.

Wir sollten bei der Bewertung von Fotos so streng sein, dass wir sie im Zweifelsfall als untaugliche Aufnahme beiseitelegen müssen, sobald es Zweifel am Inhalt des betreffenden Fotos gibt. Oft sind diese unbrauchbaren Fotos durchaus positiv, aber aus den verschiedensten Gründen können wir diese nicht als Beweismittel in einem Fall verwenden. Ein Beispiel: Sie haben ein Foto gemacht, auf dem eine Erscheinung zu sehen ist, aber das Foto wurde direkt vor einem Spiegel aufgenommen und durch die Reflexion des Blitzes sind nun verschiedene Lichteffekte entstanden. Dadurch wird das Foto sofort für uns unbrauchbar.

KAPITEL 6

Was ist ein Orb?

- Wie unterscheiden wir Orbs von einem Staubkorn?
- Das Orb-Phänomen - paranormal oder nicht?
- Gute Fotos - schlechte Fotos
- Vortex
- Lichtstäbe
- Ektoplasma-Nebel

6

WAS IST EIN ORB?

Es wird angenommen, dass Orbs Energiekugeln sind, die im Lichtbereich zwischen dem Licht und dem infraroten Lichtspektrum sichtbar sind. Es ist eine gängige Überzeugung auf diesem Gebiet, dass ein Orb den Beginn einer geistigen Manifestation darstellen „könnte"; Orbs sind noch immer ein heißes Diskussionsthema auf dem Gebiet der Untersuchungen.

Ein tatsächlicher Orb ist perfekt rund und kann ein Leuchten ausstrahlen. Zuweilen sehen wir nur den äußeren Rand dieser Orbs. Orbs sind überall - nehmen Sie ein Foto gerade jetzt in Ihrem Wohnzimmer auf und Sie können einen finden. Aber bedeutet das jetzt, dass Onkel Georg zu Besuch gekommen ist? Vielleicht - aber vielleicht auch nicht. Wir versuchen mit unseren Ermittlungen zu bestimmen, was genau diese Orbs sein könnten.

Wir wissen, dass Orbs überall vorkommen, aber sie wurden in weitaus höherer Konzentration an bekannten Spukorten dokumentiert. Die durchschnittliche Anzahl von Orbs an den meisten Orten liegt bei etwa 5-6%. Deshalb fragen wir in einem Untersuchungsbericht immer nach der Anzahl der aufgenommenen Fotos. Wenn wir den Abschlussbericht erstellen, listen wir die Gesamtzahl der gemachten Fotos im Vergleich zu den erhaltenen positiven Fotos auf und kommen mit unserem Prozentsatz hinzu. Wenn wir über der 6 %-Zahl liegen, ist das ein guter Hinweis darauf, dass dort etwas vorhanden sein könnte.

WIE UNTERSCHEIDEN WIR ORBS VON EINEM STAUBKORN?

Ob Sie es glauben oder nicht, dies ist wirklich nicht so schwierig, allerdings ist es davon abhängig, wie Sie Ihre Fotos betrachten.

- Beurteilen Sie niemals ein positives Foto, indem Sie es auf Ihrer Kamera ansehen.
- Betrachten Sie Ihre Fotos auf dem Computer immer mit der höchstmöglichen Auflösung die Sie möglich ist. Wenn Sie etwas sehen, das möglicherweise ein Orb ist, zoomen Sie langsam hinein und sehen Sie es sich sehr genau an. Untersuchen Sie die Form;

ist sie wirklich kreisrund oder gibt es irgendwelche Abweichungen im Umfang? Sieht sie eher oval aus? Wenn ja, dann handelt es sich um Staubpartikel, die den Orbs sehr ähnlichsehen. Sie erscheinen manchmal als Vollkörper und die abprallende Reflexion Ihres Blitzes gibt ihm den Anschein, dass ein Licht von diesem Objekt ausgeht.

- Wenn Sie ein Orb-Foto schießen und behaupten: „Seht mal, da ist ein Gesicht drin". Dabei handelt es sich definitiv um Staub. Als menschliche Wesen sind wir so verdrahtet, dass wir Bilder in Gesichter etc. umdeuten. (dies ist ein gut dokumentiertes psychologisches Phänomen, bekannt als Pareidolie).

Denken Sie an die Zeit als Kind, als Sie zu den großen fluffigen Wolken aufschauten und ein Gesicht sahen, oder an die Gebirgsformation auf dem Mars, die aussieht, als sei es ein Gesicht? Es handelt sich um einen Überlebensmechanismus, der in unserem Ur-Hirn verankert ist. Als Ermittler müssen wir uns dessen bewusst sein. Es gilt, alle Möglichkeiten zu verstehen und zu hinterfragen.

Lassen Sie uns wieder ein kleines Experiment machen. Die einfachste Art, dies zu überprüfen, besteht darin, einen Ball hochzuhalten oder auch ein Foto von einem in die Luft geworfenen Ball aufzunehmen. Fertigen Sie viele verschiedene Fotos aus vielen unterschiedlichen Blickwinkeln an. Sie werden die Übereinstimmung bemerken; die Kugel hat auf jedem Foto und in jedem Winkel die gleiche Form. Wenn wir Orbs beschreiben, bezeichnen wir sie als „ Energiebälle". Das Ballexperiment beweist uns, dass die Form des Balles aus keinem Winkel verzerrt wird.

Wenn Sie sich darin üben wollen, nehmen Sie Ihre Kamera heraus und holen Sie ein Sofakissen oder ähnliches und schlagen Sie mit etwas dagegen. Beginnen Sie sofort, Fotos zu machen. Was Sie aufnehmen, ist Staub, aber auf den ersten Blick wird es wie ein Haufen Orbs aussehen. Schauen Sie sich diese auf Ihrem Computer genau an und Sie werden die Abweichungen, von denen ich spreche, erkennen.

DAS ORB-PHÄNOMEN - PARANORMAL ODER NICHT?

In den letzten Jahren gab es eine Menge Diskussionen und Spekulationen zum Thema Orbs. Die Forschung zeigt, dass es drei mögliche Erklärungen für Orbs gibt. Lassen Sie mich mit einer kurzen Geschichte darüber beginnen, warum ich der Meinung bin, dass es eine gewisse Glaubhaftigkeit von Orbs gibt. Ich persönlich habe einige überzeugende Beweise für Orbs gesehen, weshalb ich sie nicht pauschal abtun möchte. Ich habe Orbs gesehen, die in eine Erscheinung übergehen. Diese besondere Erscheinung wurde mit Infrarot-Kameras gefilmt, doch die Aufnahme war nicht einwandfrei. Eine andere Person bezeugte dieses Phänomen, aber das ist jetzt nur mehr ein anekdotischer Beweis. Der bedauerliche Teil daran ist, dass es jetzt nur noch eine Geschichte ist. Ich hoffe, dass im Laufe der Zeit auch andere etwas Ähnliches für sich selbst beobachten können.

Wir hatten ein gut dokumentiertes Spukschloss untersucht und waren in einem Schlafzimmer des ehemaligen Besitzers, das normalerweise für die Öffentlichkeit mit Seilen abgesperrt ist. Bei der Ansicht durch unsere Videokamera bemerkten wir, dass die Orbs nicht vorhanden waren, den Zeitraum ausgenommen, wenn ein bestimmter Ermittler den betreffenden Raum betrat.

Wir versuchten, die Orbs, die wir sahen, zu replizieren, indem wir die Kissen schüttelten und die Teppiche aufwirbelten, doch alles ohne Erfolg. So schickten wir diesen Ermittler in das Zimmer und baten ihn, sich neben die Kamera zu stellen. Unvermittelt begann ein Orb-Sturm. Wir hatten uns vor dem Raum positioniert und konnten das Innere des Schlafzimmers genau sehen, sowohl durch die Kameras als auch mit unseren eigenen Augen. Während wir zuschauten, baten wir den ehemaligen Besitzer, vor die Kamera zu treten und uns sein Gesicht zu zeigen.

Fast sofort näherte sich ein Orb der Kamera und begann sich zu vergrößern, bis zu einem Punkt, an dem wir einen Körper und die Form eines Gesichts erkennen konnten. So schnell wie es anfing, verflüchtigte es sich wieder. Umgehend wurde das Band zurückgespult.
Beim Sichten sah es aus wie ein frisches, neues Band, auf dem noch nie etwas aufgezeichnet wurde - wertlos, aber wir hatten eine Geschichte. Wir sahen, wie ein Orb den Übergang zu einer Form vollzog. Dies war ein Orb, der nur mit einer Infrarotkamera gesehen wurde.

Was genau ist dieses Phänomen? Ist es nur die Gegenlichtstreuung der Kamera oder ist es möglicherweise mehr? Wie erklären Sie sich die

Orbs, die man im IR-Lichtspektrum sieht? Wir alle wissen, dass beim Herumlaufen Orbs entstehen können und dass wir niemals bei Regen, Schnee, Nebel oder hoher Luftfeuchtigkeit fotografieren sollten.

Doch versuchen wir nicht, so wissenschaftlich wie möglich zu sein, wenn wir unsere Untersuchungen durchführen? Wenn Sie zu einer Untersuchung gehen und eines dieser Dinge tun, dann müssen Sie eben etwas anderes finden, das Sie erledigen können. Sie erzeugen damit eine Verunreinigung in einem Bereich, den Sie selbst beeinflussen, die Umgebung. Ich denke, die „Orb"-Diskussion muss eingeordnet werden, um ein besseres Verständnis für alles zu bekommen, was behauptet wurde oder behauptet werden kann.

Meiner Meinung nach gibt es drei Kategorien, über die man Gruppen und Einzelpersonen, die diese Fotos betrachten und quantifizieren, einteilen sollte, und das sind:

1. Wissenschaftliche Forscher - Diejenigen, die einen wissenschaftlichen Ansatz zur Forschung verwenden und ein Verständnis dafür haben, was diese fotografischen Anomalien verursachen könnte.
2. Hobbyforscher - Das sind die Einzelpersonen oder Gruppen, die sich nach dem Studium von ein oder zwei Webseiten zusammensetzen und beschließen, ihr Urteil zu fällen, und dabei bleibt es dann auch. Sie verstehen nicht ganz, was sonst die Ursache für diese Anomalien sein könnte.
3. Reine Skeptiker - Dies sind jene Personen, die, egal was Sie sagen oder wie Sie es sagen, nichts außer ihrer eigenen Sichtweise gelten lassen.

Was sollten wir noch wissen? Es wird angenommen, dass die Manifestation von Geistern im unsichtbaren infraroten Lichtspektrum entsteht. Viele wussten es zum Zeitpunkt des Aufkommens dieser Apparate nicht, aber Digitalkameras können in dieses Lichtspektrum hineinschauen. Wir können den „Aufschwung" der Orb-Fotografien mit dem Beginn des Einblicks in ein vorher unsichtbares Lichtspektrum in Verbindung bringen, welches der normale Forscher vorher nicht sehen konnte. Aber bedeutet dies nun, dass Orbs paranormal sind? Sicherlich nicht, aber schafft es nun eine Wahrscheinlichkeit, dass sie es sein könnten? Vergessen wir nicht, dass wir sehr viele Orb-Erscheinungen auch auf die Rückstreuung durch die Nachbarschaft von Blitz und Objektiv zurückführen können.

Viele Forscher, die nachverfolgen, was sie tun und wie sie es tun, können einiges von dem bestätigen, was ich hier vorbringe. Zunächst einmal wissen wir alle, dass wir bei einer Ermittlung in irgendeiner Form „Orb"-Fotos aufnehmen werden. Macht es das zu etwas Paranormalem? Auch hier ist die Antwort ein klares Nein. Aber wenn Sie damit beginnen, alles was sie tun in Relation zueinander zu setzen, werden Sie vielleicht einige interessante Ergebnisse sehen, die Sie vorher nicht beachtet haben. Die meisten seriösen Ermittler führen Aufzeichnungen über alles, wie z. B. den Zeitpunkt des Geschehens, die Wetterbedingungen, usw. Viele führen sogar eine Liste, wie viele Fotos sie gemacht haben. Dabei handelt es sich um eine wichtige Größe, und ich werde in einer Minute erklären, warum.

Wir alle wissen, dass es dokumentierte Spukorte gibt, nicht spukende Orte und solche, die wir noch erforschen müssen. Forscher, die ihre Fotos zusammen mit diesen Orten dokumentieren, können einige interessante Dinge beobachten. Sie werden feststellen, dass das „Orb"-Phänomen in einer höheren Konzentration an einem bekannten Spukort auftritt. Wir alle wissen, dass wir Orbs sehen werden, wenn wir unsere Fotos machen, aber warum ist es so, dass sie in einer höheren Anhäufung an einem bekannten Spukort vorkommen?

Durchschnittlich können Sie eine Anzahl von 4% Ihrer Fotos finden, die eine Orb-Manifestation enthalten. Aber in einem bekannten Spukhaus kann diese Zahl leicht auf 5, 6 oder sogar 10% der Fotos mit diesen Orbs ansteigen. Bedeutet das nun, dass dieser Ort einen schlechten Hauswart hat? Oder dass der Ermittler herumläuft und diese Staubstürme verursacht? Wenn Sie den Überblick haben, können Sie diese Fragen beantworten, doch für den klugen Ermittler bleibt weiterhin die Frage offen, warum es an diesen Orten mehr Anhäufungen von Orbs gibt.

Soll ich jetzt ein Orb-Foto als Beweis einreichen? In unserem Team z.B. gibt es sehr unterschiedliche Meinungen und Gedanken über Orbs; die meisten stimmen nicht damit überein, dass sie etwas Paranormales sind.

Das bedeutet aber noch lange nicht, dass sie es nicht sein könnten. Wir bemühen uns, sie unvoreingenommen zu analysieren.

Nicht dass Sie mich falsch verstehen, dies ist keine Bestätigung, dass alle Orbs paranormal sind, wir sagen nur, was mit diesen anderen Fakten ist. Während aber die Wissenschaft auf diesem Gebiet voranschreitet, müssen wir daran denken, dass wir noch nicht alle Möglichkeiten über den Haufen werfen können. Wir sind dabei zu lernen und müssen für alle Eventualitäten aufgeschlossen sein. Beobachten Sie, was bei Ihren Untersuchungen passiert, behalten Sie Ihre Zahlen im Auge und beginnen Sie, Ihren eigenen Informationskatalog zu erarbeiten.

Zu lesen, was andere zu sagen haben, ist ein guter Anfang, doch Sie müssen eigene Nachforschungen anstellen, um Ihre persönliche Meinung richtig zu formulieren. Denken Sie einfach daran, dass es da draußen noch einiges gibt, was wir nicht wissen. Wir sind auf diesem Forschungsgebiet, um es zu studieren und voranzutreiben. Bis wir behaupten und zweifelsfrei beweisen können, dass Orbs nur Staub sind, müssen wir immer noch offen dafür bleiben, was sie sein könnten.

GUTE FOTOS, SCHLECHTE FOTOS

Es existieren unzählige Fotos, einige von ihnen klar und andere unscharf, die von sich behaupten, sie seien authentisch. Doch sind sie das wirklich? Auch das lässt sich interpretieren. Ich war dabei, als Fotos von Erscheinungen gemacht wurden, und ich habe schon viele Fotos gesehen, die vorgeben, Erscheinungsfotos zu sein.

Diejenigen, die ich persönlich in Augenschein genommen habe und die von mir respektierten Personen bezeugt wurden, weisen alle den gleichen Bildstil auf, nämlich dass sie in der gesamten Aufnahme fokussiert sind, aber dort, wo sich die Erscheinung befinden soll, erscheinen sie unscharf und ein wenig verschwommen.

Vor einigen Jahren hätten wir gesagt, dass es sich um einen Fehler in der Bildentwicklung handelt, aber mit der heutigen Digitaltechnik ist dies nicht mehr der Fall. Der Grund für die Unschärfe ist höchstwahrscheinlich eine zu lang eingestellte Verschlusszeit, die mehr als eine Sekunde beträgt.

VORTEX

Man glaubt, dass ein Vortex eine bestimmte Stelle ist, an der die Geistwesen von einer Ebene in eine andere übergehen. Dabei handelt es sich um eine Anomalie, die wir fotografieren können. Das Problem hierbei ist, dass der Vortex wie ein Kameragurt oder ein Haar aussieht, so dass wir sicher sein sollten, dass sich der Kamerariemen zum Zeitpunkt des Fotografierens nicht vor der Linse befindet.

LICHTSTÄBE

Wenn wir in unserem Bereich Lichtstäbe fotografieren, handelt es sich in der Regel um Orbs, die sich mit hoher Geschwindigkeit bewegen. Sie erscheinen als Streifen auf Ihrem Foto. Auch Haare können den gleichen Eindruck auf einer Aufnahme erwecken, daher sollten Sie Ihre Haare zurückstecken.

EKTOPLASMA-NEBEL

Wie bereits zuvor erwähnt, ist dies ein großartiges Beweisstück, das man erhalten kann. Das Hauptproblem ist die mögliche Beeinflussung von außen. Achten Sie auf Ihren Atem bei kalten Temperaturen, rauchen Sie nicht, achten Sie auf Kerzen, Feuerstellen, usw. alles, was kürzlich entzündet wurde.

Woran können Sie nun erkennen, dass Sie ein gutes Foto eines Ektoplasma-Nebels haben? Handelt es sich um Ihren Atem, kann er eine bläuliche oder sogar bräunliche Färbung aufweisen. Handelt es sich um Zigarettenrauch, hat er eine bläuliche Färbung und ist außerdem fadenförmig. Echter Nebel sieht aus wie ein Stück Watte, ein gleichmäßiges, festes Stück, das meist weiß oder grau gefärbt ist.

KAPITEL 7

Die Ausrüstung

- Fotos
- Audioaufnahmegeräte
- Camcorder
- EMF-Detektoren
- Temperaturerfassungsgeräte
- Passive Infrarot-Bewegungsmelder

7

Die Ausrüstung

Das vorliegende Kapitel könnte ohne weiteres ein eigenes Buch füllen. Genau aus diesem Grund werden wir nur einige der grundlegenden Geräte abdecken und erklären, was sie tun und wie sie funktionieren. Es gibt viel mehr auf dem Markt als das, was wir behandeln werden.

Als Erstes sollten Sie sich darüber im Klaren sein, wofür Sie die Ausrüstung verwenden wollen und was Sie dafür benötigen. In einem späteren Kapitel werde ich eine Liste vorschlagen, so dass Sie zuallererst nur eine Uhr, einen Stift und einen Notizblock benötigen. Wenn Sie schon etwas fortgeschrittener sind, können Sie ein digitales Sprachaufzeichnungsgerät, möglichst mit einem Datums- und Zeitstempel, verwenden, um das gleiche Ergebnis zu erzielen. Der Grund, warum ich dies zu einem separaten Thema gemacht habe, ist, dass Sie ohne Ihre Zeitleiste keine Beweise miteinander verknüpfen können, die Sie möglicherweise während Ihrer Untersuchung erhalten werden.

Die wichtigsten Beweise, die Sie bei einer Untersuchung erhalten können, sind folgenden Typen:

FOTOS

In Kapitel 5 haben wir ausführlich die Kameras besprochen und wie man korrekt mit Fotografien anfertigt. Kameras sind ein Teil der Ausrüstung, die die meisten Leute bereits besitzen. Ich möchte nur wiederholen, dass Sie eine Kamera mit 5 Megapixeln oder mehr verwenden sollten, wenn Sie wenn Sie Geisterfotografie betreiben. Wenn Sie das Glück haben, eine Spiegelreflexkamera mit einer Blitzverlängerung zu besitzen, ist dies sogar noch besser. Je weiter der Blitz vom Objektiv entfernt ist desto bessere Ergebnisse werden erzielt.

AUDIOAUFNAHMEGERÄTE

Elektronische Stimmenphänomene (EVP) sind eine Sache, über die sich jeder Ermittler zu freuen scheint. Bitte lesen Sie in Kapitel 4 nach, um mehr über EVP zu erfahren. Die meisten Ermittler verwenden digitale Diktiergeräte bei ihren Untersuchungen. Digitale Diktiergeräte variieren im Preis von etwa 35,00 Euro bis hin zu Hunderten von Euro. Die Kosten sind immer ein Faktor, wenn man beginnt, aber wenn Sie es sich leisten können, zwischen 50,00 und 100,00 Euro für ein Aufnahmegerät auszugeben, ist das Geld wirklich gut angelegt.

Einige verwenden immer noch gerne einen analogen Rekorder, was auch akzeptabel ist. Wenn Sie eines dieser Geräte verwenden wollen, ist es immer sinnvoll, dieses in Verbindung mit einem externen Mikrofon einzusetzen. Der Grund dafür ist, dass Sie die mechanischen Geräusche innerhalb des Geräts aufnehmen könnten, die Sie glauben lassen, dass Sie ein anomales Ereignis aufgezeichnet haben. Auch bei diesem Gerät kommt der Kostenfaktor ins Spiel. Sie sollten immer neue Bänder verwenden, wenn Sie mit einem solchen Gerät aufzeichnen. Wenn Sie über eine frühere Untersuchung aufnehmen, besteht die Möglichkeit, dass es zu einer Verunreinigung kommt.

Für welches Gerät Sie sich auch immer entscheiden, nehmen Sie sich die Zeit, sich an die Arbeit mit dem Gerät zu gewöhnen. Machen Sie experimentelle Aufnahmen unter verschiedenen Bedingungen, damit Sie sich an das Rauschen gewöhnen, das der Rekorder aufnimmt. Ich habe ein Geräusch auf einem Digitalrekorder gehört, bei dem ich, wenn ich es nicht meinem ersten Teamleiter zugetragen hätte, schwören würde, dass es der Teufel höchstpersönlich war, den man auf dieser EVP vernahm. Es gibt Zeitpunkte, an denen Digitalrekorder ein unangenehmes Geräusch machen, das Sie beim Überprüfen Ihrer Aufnahme hören werden. Lassen Sie sich davon nicht abschrecken. Wenn Sie so etwas hören, wissen Sie jetzt, dass Ihr digitales Diktiergerät dieses Geräusch machen kann.

CAMCORDER

Viele Teams setzen heute bei ihren Ermittlungen auch tragbare Videokameras ein. Es gibt einige gute und schlechte Aspekte für die Verwendung dieser Geräte. Wenn Sie ein anomales Ereignis mit Ihrer Videokamera aufzeichnen, haben Sie eine Zeitangabe, die die Dauer des Ereignisses festhält. Dies ist eine großartige Information, die Sie für Ihre Nachforschungen aufbewahren können. Stellen Sie sicher, dass Ihre Kamera über eine Nachtaufnahmekapazität verfügt, wenn Sie vorhaben sollten, im Dunkeln zu ermitteln. Wenn nicht, werden Sie viele Stunden an verdunkeltem Filmmaterial zu sichten haben. In den meisten Fällen reicht die Nachtaufnahme-Einstellung der Kamera für eine Untersuchung nicht aus, so dass Sie einen Infrarot-Lichtverstärker kaufen müssen.

Neben dem offensichtlichen Video können Sie auch EVP's mit Ihrer Videokamera aufzeichnen. Achten Sie also darauf, dass der Ton eingeschaltet ist, wenn Sie Ihre Aufnahmen überprüfen. Man weiß nie, wann und wo eine Stimme auftauchen wird.

Un wieder einmal kommt bei Videokameras auch der Kostenfaktor ins Spiel. Sie sollten niemals über ein gebrauchtes Band oder eine DVD aufnehmen. Legen Sie sich für jede Untersuchung immer neue an. Denken Sie auch an eine Ersatzbatterie für den Videorecorder. Oftmals halten diese Batterien nur ½ Stunde bis 1 Stunde, während die meisten Ermittlungen viel länger andauern.

Ein Stativ ist ein wichtiges Zubehör, das Sie mit Ihrer Kamera verwenden können. Sie haben die Möglichkeit, eine Kamera an einem Ort aufzustellen, von dem angenommen wird, dass er sehr aktiv ist, und während der gesamten Untersuchung kontinuierlich aufzuzeichnen.Wenn Sie dies vornehmen, versuchen Sie, die Kamera nicht dort zu platzieren, wo andere Ermittler vor die Kamera laufen könnten oder es äußere Einwirkungen auf die Kamera geben könnte.

Und schließlich: Vergessen Sie nicht zu notieren, wann Sie mit der Aufnahme begonnen haben.

EMF-DETEKTOREN

Der vorrangige Punkt, an den man sich erinnern sollte, ist, dass die meisten Geräte, die ein paranormaler Ermittler benutzt, für völlig andere Bereiche entwickelt wurden und in unserem Arbeitsgebiet ein Zuhause gefunden haben. Einige Firmen begannen jedoch vor einigen Jahren, Geräte direkt für die paranormale Industrie herzustellen; ihre Hauptfunktionen basieren aber weiterhin auf den ursprünglichen nicht-paranormalen Geräten.

Es gibt mehrere Modelle und Typen von EMF-Messgeräten auf dem heutigen Markt und wir könnten leicht die nächsten 100 Seiten damit füllen, sie alle zu besprechen. Aus diesem Grund beschränken wir uns hier auf einige der einfachsten Modelle. Diese Modelle sind auch die preiswertesten, die es im Handel gibt. Sie liegen im Preisbereich von €15,00 bis zu €200,00. Mit diesen unterschiedlichen Geräten ist es möglich, sowohl elektrische als auch magnetische Energiequellen zu verfolgen und zu lokalisieren. Sie erkennen Schwankungen innerhalb der nahegelegenen elektromagnetischen Felder sowie bewegliche EMF-Felder geringer Stärke, die auch als ELF oder Extremely Low Frequency EMF bzeichnet werden.

Elektromagnetische Feldmessgeräte (manchmal auch als EMF-Detektor bezeichnet) sind wissenschaftliche Instrumente zur Messung elektromagnetischer Strahlung. Es gibt viele verschiedene Arten von EMF-Messgeräten, aber die beiden wichtigsten Kategorien sind einachsig und dreiachsig. Einachsige Messgeräte messen nur eine Dimension des Nahfeldes. Sie müssen gekippt und auf allen drei Achsen gedreht werden, um eine vollständige Messung zu erhalten. Ein Drei-Achsen-Messgerät hingegen misst alle drei Achsen gleichzeitig. Die meisten Meßinstrumente erfassen die elektromagnetische Strahlungsflußdichte, d.h. die Amplitude der emittierten Strahlung. Andere Messgeräte können auch die Änderung eines elektromagnetischen Feldes über einen bestimmten Zeitraum messen. Elektromagnetische Felder können entweder AC (Wechselstrom) oder DC (Gleichstrom) sein.

Ein EMF-Messgerät kann elektromagnetische Wechselfelder messen, die von vom Menschen geschaffenen Quellen, wie z. B. elektrischen Leitungen, emittiert werden, während Gauß-Messgeräte oder Magnetometer Gleichfelder messen, die im natürlich vorkommenden geomagnetischen Feld der Erde auftreten und von anderen Quellen emittiert werden, in denen Gleichstrom vorhanden ist. EMF-Messgeräte messen normalerweise die Strahlung in Milligauß. In Abwesenheit eines sich bewegenden Magnetfeldes zeigt ein ideales Messgerät 0 Milligauß an. Industrielle EMF-Messgeräte zeigen oft 2-3 Milligauß an, wenn sie in einem offenen Feld ohne Emitter wie z.B. Hochspannungsleitungen (entweder oberirdisch oder unterirdisch) platziert werden. Die meisten verfügbaren EMF-Messinstrumente sind so kalibriert, dass sie elektromagnetische Strahlung messen, die mit einer Frequenz von 50/60 Hz (der Frequenz des US-amerikanischen und europäischen Stromnetzes) wechselt. Das liegt daran, dass man sich in den letzten Jahren Sorgen über die langfristigen gesundheitlichen Auswirkungen der Exposition gegenüber hohen Strahlungsniveaus, die von einigen elektrischen Geräten ausgehen, gemacht hat. Es gibt andere Messgeräte, die Wechselfelder mit nur 20 Hz messen können. Diese sind jedoch in der Regel sehr viel teurer und werden nur für spezielle Forschungszwecke verwendet.

Die meisten Messgeräte, die von paranormalen Ermittlern verwendet werden, messen in der Einheit „Milligauß". Dies ist eine Einheit der magnetischen Flussdichte entsprechend einem Tausendstel eines Gauss. Dies wird gleich ein wenig technischer, also aufgepasst! Der magnetische Fluss ist die Gruppe der magnetischen Feldlinien, die vom Nordpol eines Magneten nach außen strahlen. Die magnetische Flussdichte ist die Menge des magnetischen Flusses pro Flächeneinheit eines Querschnitts, senkrecht zur Flussrichtung. Die SI-Maßeinheit für den magnetischen Fluss ist das Weber (w). Die SI-Maßeinheit für die magnetische Flussdichte ist das Weber pro Quadratmeter, was einem Tesla entspricht.

WAS IST EIN MILLIGAUSS?

Milligauß ist ein Maß für die elektrische Stromstärke (mg). Milli- (Symbol m) ist ein Präfix im SI und anderen Einheitensystemen, das einen Faktor von 10-3 oder 1/1.000 (ein Tausendstel) bezeichnet.

Ein Gauß ist eine Einheit der magnetischen Flussdichte. Ein Gauß ist 10 -4 Tesla pro Quadratzentimeter. Und ein Milligauß ist 1/1000 davon.

WAS IST EIN TESLA?

Das Tesla (Symbol T) ist die aus dem SI abgeleitete Einheit des magnetischen Feldes B (das auch als „magnetische Flussdichte" und „magnetische Induktion" bezeichnet wird). Ein Milliardstel eines Tesla ist ein Nanotesla, was 0,01 mG oder 0,01 Milligauß entspricht. Die üblichen metrischen Hausmessungen zur Bestimmung der lokalen Magnetfeldexposition werden in Nanotesla durchgeführt. 1 Tesla entspricht:

- 10.000 (oder 10 4) Gauß (G), die im CGS-System verwendet werden. Somit sind 10 G = 1 mT (1 Millitesla)
- 1.000.000.000 (oder 10 9) gamma (γ), verwendet in der Geophysik. Somit ist 1 γ = 1 nT (Nanotesla)

Für diejenigen, die sich mit der niederfrequenten elektromagnetischen Strahlung im Haushalt beschäftigen, sind vor allem die folgenden Umrechnungen notwendig:

- 1000 Nanotesla = 1 Mikrotesla = 10 Milligauß (mG)
- Mikrotesla = 1 Tesla
- 200 Nanotesla = vonder WHO empfohlener Grenzwert für die ständige Belastung des Menschen = 2 mG

MAGNETISCHE FLUSSDICHTE

Die magnetische Flussdichte ist die Menge des magnetischen Flusses pro Flächeneinheit eines Querschnitts, senkrecht zur Flussrichtung. Eine Vektorgröße misst die Stärke und Richtung des Magnetfeldes um einen Magneten oder einen elektrischen Strom.

Die magnetische Flussdichte ist gleich der magnetischen Feldstärke mal der magnetischen Durchlässigkeit in dem Bereich, in dem das Feld existiert. Elektrische Ladungen, die sich durch ein Magnetfeld bewegen, unterliegen einer Kraft, die durch die Gleichung $F = qv \times B$ beschrieben wird, wobei q die Menge der elektrischen Ladung, v die Geschwindigkeit der Ladung, B die magnetische Flussdichte an der Position der Ladung und $\times$ das Vektorprodukt ist. Die magnetische Flussdichte kann auch als die Dichte der magnetischen Kraftlinien oder magnetischen Flusslinien verstanden werden, die durch eine bestimmte Fläche verlaufen. Sie wird in der Einheit Tesla gemessen.

Um eine korrekte Messung zu erhalten, ist es wichtig, dass der eigentliche Sensor im EMF-Messgerät mit der Richtung der maximalen Feldstärke an einem bestimmten Ort übereinstimmt. Wenn dies nicht der Fall ist, riskieren Sie Messungen, die viel niedriger sind als die tatsächliche Feldstärke. Der einfachste Weg, den tatsächlichen Messwert zu bestimmen, ist die Verwendung eines 3-Achsen-Messgeräts. Dieses Messgerät führt die eigentliche Berechnung für Sie durch und Sie müssen das Messgerät nicht um die Quelle drehen.

Es existieren viele Objekte, die ein elektromagnetisches Feld besitzen und abstrahlen. Die Erde selbst erzeugt diese Magnetfelder ebenso wie alle folgenden Objekte:

- Strommasten

- Steckdosen
- Computer und Monitore
- Drucker und Router
- Mobiltelefone (Sie sollten immer eines mitführen, sollten aber ausgeschaltet sein)
- Kühlschränke
- Mikrowellen
- Öfen/Herde
- Fernsehgeräte
- Videorekorder/DVD-Spieler
- Stereoanlagen
- Mechanische Geräte - Heizungen/Klimaanlagen

Die Liste lässt sich beliebig fortsetzen; dies sind nur diejenigen Geräte, auf die Sie am ehesten treffen werden. Sie sollten zu Beginn der Untersuchung immer eine EMF-Basisuntersuchung des Ortes durchführen, um festzustellen, ob es Bereiche mit hohen EMF-Werten gibt, die Ihre Messgeräte beeinträchtigen könnten.

Elektrische Leitungen und Wasserrohre sind Orte, die hohe EMF-Werte aufweisen können. Selbst wenn kein „Strom" durch den Stromkreis fließt, wird er immer noch einen messbaren EMF-Wert aufweisen. Oberirdische Leitungen können ebenfalls eine EMF-Spitze erzeugen, sobald ein Gerät im Stromkreis eingeschaltet wird.

Wenn Sie die EMF-Messinstrumente verwenden, dann suchen Sie nach Schwankungen von 1,5 bis 7,0 Milligauß (mg). Viele vermuten, dass wir innerhalb dieses Bereichs eine geistige Präsenz messen können. Alles, was darüber liegt, ist typischerweise eine vom Menschen verursachte Anwendung oder Erscheinung, und alles, was darunter liegt, hat normalerweise eine natürliche Quelle, wie z. B. die normale magnetische Nord-Anziehung der Erde.

Es gibt keine Erkenntnisse, die die Theorie stützen, dass ein Geist oder irgendeine andere Form eines Geistes ein EMF aussendet. Dies bedeutet auch, dass es keine gesicherten Anhaltspunkte dafür gibt, dass sie die Fähigkeit haben EMF aus einer vom Menschen geschaffenen oder einer natürlichen Quelle zu nutzen.

Andererseits wurden zahlreiche Untersuchungen durchgeführt, die eindeutig darauf hinweisen, dass einige Menschen, wenn sie einem starken elektromagnetischen Feld (EMF) oder einem weniger starken, aber variierenden EMF ausgesetzt sind, über Empfindungen berichten, von denen sie glauben, dass sie paranormalen Ursprungs sind. Zu diesen Effekten gehören ein Gefühl der Anwesenheit einer Präsenz, ein Empfinden der Berührung, Unruhe, Unbehagen, Angst, Übelkeit und sogar ein „Außerhalb des Körpers"-Gefühl.

Diese Empfindungen können auftreten, wenn man einem höheren EMF-Wert ausgesetzt ist. Deshalb schauen wir uns diese Werte während der Untersuchung an. Falls die Messwerte durchgängig hoch sind, kann es sein, dass die Beteiligten sensibel auf hohe EMF-Werte reagieren.

GÄNGIGE EMF-DETEKTOREN

Cellsensor EMF-Detektor

Der Cell Sensor EMF-Detektor ist ein einachsiges Messgerät, das auf 2 Arten verwendet werden kann. Es handelt sich um eines meiner Lieblingsmessgeräte, weil es sowohl einen visuellen als auch einen akustischen Alarm erzeugt, der leicht zu hören ist. Die Basiseinheit kann als eigenständiger Radiofrequenz (RF) Detektor verwendet werden; wir setzen jedoch immer eine Sonde ein, die mit dem Messgerät geliefert wird, um es zu einem EMF Detektor zu machen.

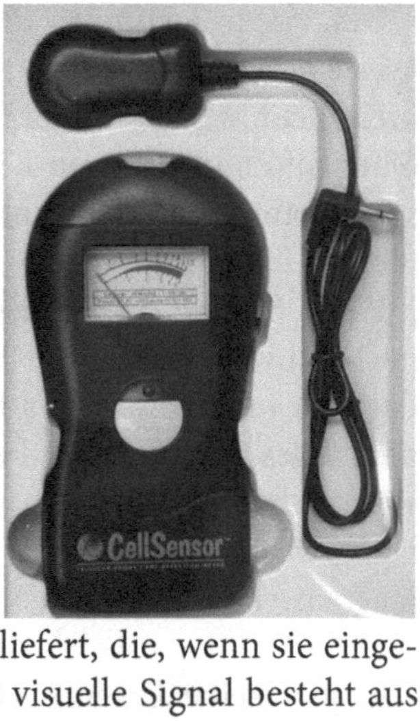

Es wird mit einer 60 cm langen Sonde geliefert, die, wenn sie eingesteckt ist, die Alarmfunktion aktiviert. Das visuelle Signal besteht aus einem hellen roten Blinklicht an der Vorderseite des Messgeräts. Es verfügt zudem über eine analoge Referenzanzeige mit einer Nadel, die mit einem Blinklicht gut sichtbar ist. Außerdem befindet sich an der Seite des Messgeräts ein Lautstärkeregler. Die effektive Reichweite dieses Messgeräts beträgt ca. 3 m.

Das Gerät kann in der Hand gehalten oder auch stationär verwendet werden. Wenn Sie es als Handgerät verwenden wollen, halten Sie die Sonde nicht am Kabel fest. Ich habe viele Anwender gesehen, die genau das getan haben, aber es wird Ihnen einen falschen positiven Messwert liefern.

Wenn das Messgerät für die EMF-Erkennung eingerichtet ist, registriert dieses ELF oder extrem niederfrequente EMF. Die Anzeige auf der Vorderseite des Messgeräts hat 2 separate Linien zum Ablesen der EMF-Werte. An der Seite des Messgeräts befindet sich ein Schalter für normale und hohe Einstellungen. Wenn das Messgerät auf „hoch" eingestellt ist, wird es im Bereich von 1-5 Milligauss messen, bei normaler Einstellung wird es 1-50 Milligauss registrieren. Da wir normalerweise nach Messwerten im Bereich von 1,5 mg bis 7 mg suchen, sollten wir immer die hohe Einstellung verwenden.

Der Cellsensor EMF-Detektor benötigt eine 9-Volt-Batterie und hat einen einfachen Schiebedeckel für den Zugang zum Batteriefach. Der Preis beträgt ca 42,00 Euro bei Amazon.us (Stand Juni 2021).

KII EMF-Detektoren

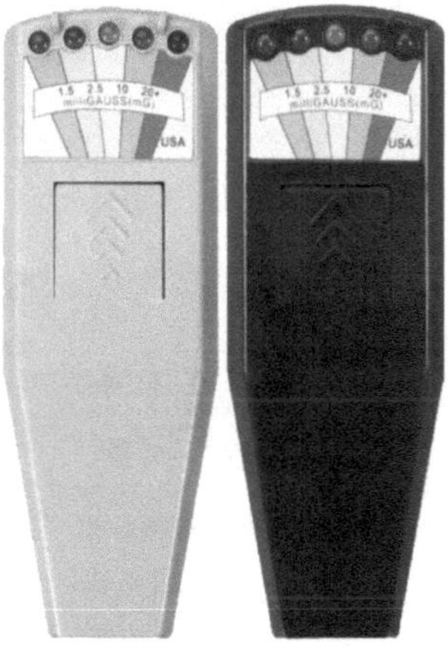

KII EMF-Detektoren sind sehr populär geworden, seit ich sie zum ersten Mal im Fernsehen gesehen habe. Das Gerät ist ein sehr empfindliches Messgerät, das ich nicht nur für die normale EMF-Erkennung verwende. Dieses einachsige Messgerät ist relativ preiswert, es kostet etwa 50,00 Euro. Die effektive Reichweite dieses Messgeräts beträgt ca. 3,5 bis 4 m.

Ähnlich wie die meisten anderen Messgeräte, registriert dieses ELF und VLF oder sehr niederfrequente EMF in Milligauß. Es erkennt den ELF-Bereich (50 bis 1.000Hz) & VLF-Bereich (1.000 bis 20.000Hz).

Dieses Gerät wird von mir inzwischen als reines Kommunikationsgerät eingesetzt. Ich lege es auf eine flache Oberfläche und demonstriere, wie man mit der Hand davor winken kann, damit die Lichter in die Höhe und in die Tiefe gehen, was eine Fluktuation im nahen elektromagnetischen Feld erzeugt.

Sie können diese Geräte leicht selbst modifizieren, aber ich schlage vor, dass Sie eines bestellen, das einen eingebauten Schalter hat, so dass kein konstanter Druck erforderlich ist. Auf der Vorderseite dieses Messgeräts befinden sich 5 Lichter: dunkelgrün, hellgrün, gelb, orange und rot. Wenn Sie dieses Messgerät benutzen, müssen Sie sich merken, was die Anzeigen bedeuten. Auch hier suchen wir nach einer Messung im Bereich von 1,5 bis 7 mG. Das gelbe Licht auf diesem Messgerät ist dasjenige, was Sie als maximales Licht sehen müssen. Alles was höher ist, ist eine Messung von 10 mG und mehr.

Der KII EMF-Detektor benötigt eine 9-Volt-Batterie. Das Batteriefach befindet sich auf der Rückseite des Geräts und muss mit einem kleinen Schraubenzieher geöffnet werden, um an die Batterie zu gelangen.

E.L.F. Zone EMF-Detektor

Der E.L.F. Zone EMF-Detektor ist das preiswerteste Gerät, über das wir reden, es kann für einen Betrag von nur etwa 12,00 Euro erworben werden. Die Buchstaben E.L.F. dieses Messgerätes soll uns verdeutlichen, was es misst, nämlich extrem niederfrequente EMF. Es arbeitet in der Frequenzbandbreite ELF/VLF 20 - 10.000 Hz. Die effektive Reichweite dieses Messgeräts beträgt ca. 3 m.

Es besitzt einen einfachen Ein/Aus-Schalter auf der rechten Seite des Gehäuses und auf der Oberfläche befinden sich 3 Lichter: Grün = 0 - 2,5 mG, Gelb = 2,5 - 7 mG und Rot = 8 mG oder höher. Der Bereich, nach dem wir suchen, ist eine Abweichung in das gelbe Licht, die ungefähr innerhalb von 2,5 bis 7 mG liegt.

Der E.L.F. Zone EMF-Detektor benötigt eine 9-Volt-Batterie. Das Batteriefach befindet sich auf der Rückseite des Geräts und muss mit einem kleinen Schraubendreher entfernt werden, um an das Fach zu gelangen.

ERICKHILL Digitales EMF-Messgerät

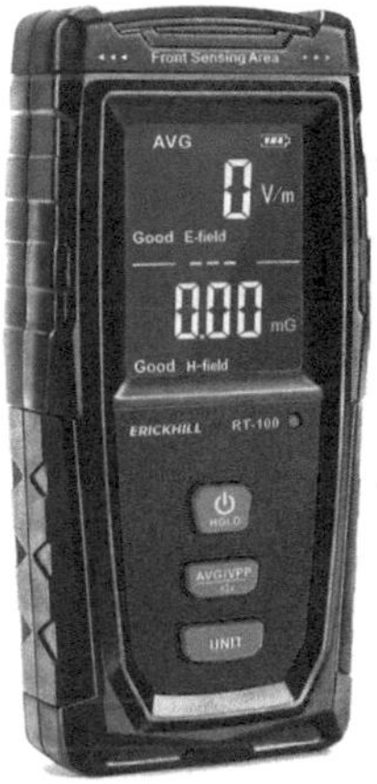

Dieses Instrument ist ausgestattet mit einem eingebauten elektromagnetischen Strahlungssensor, der den Strahlungswert auf der klaren LCD-Digitalanzeige nach der Verarbeitung durch Steuerung des Mikrochip anzeigt.

Die Prüfung der Magnetfeldstrahlung erfolgt mit optionalen Einheiten mG/µT, das elektrische Feld mit Einheit V/m.Wenn das Testergebnis den Wert von 4mG bzw. 0,4 T überschreitet, wird der Bildschirm rot, die Anzeige blinkt, und der Summer ertönt.

Dieser Detektor ist eines der Geräte, welche ich verwende, wenn ich vorbereitende oder Basis-Messungen an einem Untersuchungsort durchführe. Kosten: etwa 32,00 Euro ohne Versand.

Mel 8704-R EMF-Detektor

Der Mel 8704-R EMF-Detektor registriert ELF in einem Bereich bis zu 30Hz, also 20Hz niedriger als der KII EMF-Detektor. Dieses Messgerät ist eines der ersten, das speziell für die paranormale Gemeinschaft gebaut wurde und es ist eines meiner Lieblingsmessgeräte bei meinen Ermittlungen geworden.

Dieses Messgerät hat ein hintergrundbeleuchtetes LED-Panel mit einem Ein/Aus-Schalter auf der Vorderseite. Sobald das Messgerät eingeschaltet ist, sollten Sie überprüfen, ob es auf Fahrenheit (F) oder Celsius (C) eingestellt ist und danach den Messwert auf Milligauß einstellen. Für dieses Instrument ist auch ein kleines Stativ für die aufrechte Montage erhältlich, wenn Sie es in einer konstanten Position aufstellen wollen und wird mit einer Tragetasche geliefert.

Dieses Messgerät verfügt ebenfalls über eine kleine Umgebungssonde am oberen Ende des Messgeräts.

TEMPERATURERFASSUNGSGERÄTE

Ein Thermometer ist ein hilfreicher Ausrüstungsgegenstand, um die Veränderungen der Atmosphäre in einem Raum während einer paranormalen Untersuchung zu messen. Es empfiehlt sich, ein Infrarot-Digitalthermometer zu verwenden. Diese Art von Thermometer wird zur Messung von Außentemperaturen verwendet. Es ist etwas anders als das Thermometer für Ihre Badewanne.

Hierbei handelt es sich um ein handgeführtes Messgerät, das ein wenig wie ein Phaser aus Raumschiff Enterprise aussieht. Und obwohl es einen Laser aussendet, wird es niemanden verdampfen oder betäuben. Es gibt Ihnen jedoch eine sehr präzise Messung der Oberflächentemperatur für jedes Objekt, auf das Sie es richten.

Doch warum ist das wichtig? Nun, genau wie bei einem EMF-Detektor könnte jede Temperaturschwankung während einer Untersuchung auf etwas Ungewöhnliches oder Intelligentes hinweisen. Dies bedeutet nicht unbedingt, dass ein Geist präsent ist. Aber ein plötzlicher Temperaturabfall wäre sicherlich etwas, das man näher untersuchen sollte, insbesondere, wenn die Temperatur abnimmt und dann wieder ansteigt. Es wird angenommen, dass, wenn ein Geist versucht, sich zu manifestieren, dieser die Energie aus der Atmosphäre um uns herum nutzt, was bewirkt, dass die Lufttemperatur sinkt. Und sehr häufig ist es so, dass Menschen, die paranormale Phänomene erleben, spüren, dass die Lufttemperatur kälter wird.

Ähnlich wie der EMF-Detektor ist auch das Infrarot-Thermometer etwas, das viele Ermittler bei ihren Untersuchungen vergessen einzusetzen. Vielleicht, weil es langweilig ist und Sie gewöhnlich nicht zu etwas Geisterhaftem oder Spannendem führt. Aber wenn Sie es ernst meinen mit dem Erheben von Daten und Beweisen, um irgendwelche Behauptungen zu untermauern oder zu widerlegen, sollten Sie wissen, wann und wie man ein Thermometer bei Untersuchungen benutzt.

Zu Beginn Ihrer Untersuchung sollten Sie sich etwas Zeit nehmen, um die Temperatur in mehreren Bereichen jedes Raums, den Sie untersuchen wollen, genau zu messen. Das Thermometer verwendet einen Laser, womit Sie die Temperatur aus der Entfernung messen können.

Richten Sie den Laser einfach auf jede Wand, den Boden, die Decke und auf alle interessanten Objekte im Raum. Es zeigt die Temperatur von allem an, was der Laser berührt. Notieren Sie sich den Ort, das Objekt, die Zeit sowie den Temperaturmesswert.

Sollte es irgendwelche Objekte im Raum geben, die relevant für Ihre Untersuchung sind, z.B. Berichte über ein Objekt, das sich bewegt, einen Geist, der auf einem Stuhl sitzt, oder eine Erscheinung, die eine Treppe hinuntergeht, stellen Sie sicher, dass Sie Temperaturmessungen von diesen Objekten und Orten erhalten, so dass Sie sie später bei der Untersuchung mit den Messwerten vergleichen können. Es ist sehr wichtig, genaue Aufzeichnungen über diese Temperaturen zu führen.

Während Sie untersuchen sollten Sie mindestens einen Ermittler mit einem Infrarot-Thermometer zur Hand haben. Wenn jemand einen Kälteschauer verspürt oder eine kalte Stelle im Raum bemerkt, oder auch dann, wenn Sie aus irgendeinem Grund das Gefühl haben, dass gerade ein paranormales Ereignis stattfindet, nehmen Sie einige Temperaturmessungen vor, um sie dann mit Ihren vorher gemachten Messungen zu vergleichen.

Sie können auch mehrere Messungen während des Geschehens vornehmen, um zu sehen, ob die Temperatur steigt, fällt oder beides. Kalte Bereiche sind bei paranormalen Untersuchungen recht häufig. Es gibt viele natürliche Gründe für ihr Auftreten. Aber sie können auch ein Zeichen für unnatürliche Dinge sein, die es wert sind, untersucht zu werden.

Denken Sie daran, dass Sie gewöhnlich in der Nacht untersuchen werden, wenn die Temperaturen normalerweise fallen. Wenn Sie sich im Freien oder in einem Gebäude ohne Heizung oder mit offenen Fenstern aufhalten, können die Temperaturmesswerte stark schwanken. Wenn Sie ein Haus oder ein Gebäude untersuchen, in dem eine Heizung oder Klimaanlage in Betrieb ist, kann dies natürlich auch zu schwankenden Temperaturmesswerten führen.

Ziehen Sie alle diese Szenarien in Betracht. Jedes Mal, wenn Sie deutliche Temperaturabfälle oder -erhöhungen beobachten, kann das ein gutes Indiz dafür sein, dass etwas Seltsames vor sich geht, und Sie sollten weiter nachforschen. Wenn Sie Hinweise auf eine Präsenz von Ihren anderen Geräten wie Ihrem EMF-Detektor oder anderen Geräten erhalten, dann richten Sie Ihr Infrarot-Thermometer dorthin, um nach Schwankungen zu suchen. Einige paranormale Enthusiasten glauben zudem, dass Geister in der Lage sein könnten, die Temperatur in einem Bereich als Antwort auf Fragen absichtlich zu erhöhen und zu senken.

Lassen Sie den Wert der Verwendung eines Infrarot-Thermometers nicht unbeachtet. Falls Sie ein Datenjunkie sind wie ich, werden Sie die Temperatur von allem und jedem in allen Räumen wissen wollen. Das meiste davon werden Sie nie benutzen. Aber es ist großartig, es für den Fall der Fälle griffbereit zu haben.

Diese Art von Thermometer ist relativ günstig und arbeiten mit Batterien, so dass Sie zu Beginn darauf achten sollten, eine neue einzusetzen. Sie verfügen in der Regel über eine digitale LED-Anzeige, so dass Sie die Temperatur im Dunkeln ablesen können, und eine Einstellung, um zwischen Fahrenheit und Celsius zu wechseln.

Noch ein paar Ratschläge: Versuchen Sie beim Ausrichten des Thermometers, Ihre Hand ruhig zu halten. Eine unruhige Messung ist nicht genau. Halten Sie das IR-Licht für ein oder zwei Sekunden auf das Objekt oder den Bereich und warten Sie auf die genaue Temperaturanzeige. Und seien Sie bitte kein Idiot und richten Sie den Laserstrahl nicht in die Augen von anderen Personen.

Diese Geräte messen die Oberflächentemperatur eines Objekts, das sich in einer Entfernung von bis zu 30 Metern befindet. Solche Geräte erfassen die Infrarotenergie, die natürlicherweise von allen Objekten abgestrahlt wird. Im Grunde handelt es sich dabei um Wärmestrahlung. Dies kann natürlich zu einer Reihe von Fragen führen, wie etwa:

WAS IST STRAHLUNG?

Strahlung ist eine Methode der Wärmeübertragung, die nicht auf einem Kontakt zwischen der Wärmequelle und dem erwärmten Objekt beruht. Wir spüren zum Beispiel die Wärme der Sonne, obwohl wir sie nicht berühren. Wärme kann mittels thermischer Strahlung durch den leeren Raum übertragen werden. Thermische Strahlung (oft auch als

Infrarotstrahlung bezeichnet) ist eine Art von elektromagnetischer Strahlung (oder Licht). Strahlung ist eine Form des Energietransports, die aus elektromagnetischen Wellen besteht, welche sich mit Lichtgeschwindigkeit bewegen.

Dabei wird keine Masse ausgetauscht und es wird kein Medium benötigt. Objekte emittieren Strahlung, wenn energiereiche Elektronen eines höheren Atomniveaus auf niedrigere Energielevel abfallen. Die verlorene Energie wird als Licht oder elektromagnetische Strahlung ausgesendet. Energie, die von einem Atom absorbiert wird, bewirkt, dass seine Elektronen auf ein höheres Energieniveau „springen". Alle Objekte absorbieren und emittieren Strahlung.

Wenn die Absorption von Energie die Emission von Energie ausgleicht, bleibt die Temperatur eines Objekts konstant. Ist die Energieaufnahme größer als die Energieabgabe, so steigt die Temperatur eines Objektes an. Wenn die Energieaufnahme geringer ist als die Energieabgabe, sinkt die Temperatur eines Objekts.

WAS IST INFRAROT?

Jede Form von Materie mit einer Temperatur oberhalb des absoluten Nullpunkts sendet entsprechend ihrer Temperatur Infrarotstrahlung aus; diese wird als charakteristische Strahlung bezeichnet. Die Ursache dafür ist die innere mechanische Bewegung der Moleküle.

Die Intensität dieser Bewegung ist abhängig von der Temperatur des Objekts. Da die Molekülbewegung eine Ladungsverschiebung darstellt, wird elektromagnetische Strahlung (Photonenteilchen) abgegeben. Diese Photonen bewegen sich mit Lichtgeschwindigkeit und verhalten sich nach den bekannten optischen Prinzipien. Sie können abgelenkt, mit einer Linse fokussiert oder an spiegelnden Oberflächen reflektiert werden. Das Spektrum dieser Strahlung reicht von 0,7 bis 1000 μm Wellenlänge.

Aus diesem Grund kann diese Strahlung nicht mit dem bloßen Auge gesehen werden. Dieser Bereich liegt im roten Bereich des sichtbaren Lichts und wird deshalb nach dem Lateinischen „ infra"-rot genannt.

IR-Thermometer können die Oberflächentemperatur eines Objekts in einer Entfernung von bis zu 30 m messen. Sie tun dies unter Verwendung eines Infrarotsensors, der sich von der Vorderseite des Geräts kreisförmig ausbreitet, bis er eine zu messende Oberfläche erreicht. Das Problem, das ich gesehen habe, ist, dass je weiter das Objekt entfernt ist, desto größer ist der „Kreis" der Abdeckung. Daher können Sie sich nicht sicher sein, dass der genaue Bereich gemessen wird.

Beim Einsatz eines Lasergeräts ist der Laserpunkt der Mittelpunkt des Kreises, nicht der zu messende Bereich. Aus Gründen der Genauigkeit sollten Sie diese Geräte am besten in Innenräumen und bei einer maximalen Länge von 7-8 Metern verwenden.

Um nun mit diesem Gerät eine Raumtemperatur zu erhalten, müssen Sie einen Mittelwert aus dem bilden, was Sie auf dem Gerät sehen. Beginnen Sie mit einer „Sprühfarben-Bewegung" an einer oberen Ecke eines Raumes, gehen Sie zur gegenüberliegenden Ecke und arbeiten Sie sich weiter an der Wand nach unten. So erhalten Sie eine durchschnittliche Oberflächentemperatur dieser Wand, die nominell innerhalb von 1 oder 2 Grad der Umgebungstemperatur des Raumes liegt. Führen Sie dies an allen Wänden des Raums durch.

An verschiedenen Punkten Ihrer Untersuchung sollten Sie den Ort „stichprobenartig" auf Temperaturschwankungen überprüfen. Verwenden Sie die Sprühfarben-Bewegung im Raum, und wenn es irgendwelche Entitäten im Raum gibt, die durch den Erfassungsbereich gehen, können Sie einen plötzlichen Abfall oder Anstieg der Temperatur sehen. In diesem Fall sollten Sie einen Temperaturunterschied von 5-10 Grad feststellen.

Diese Thermometer können auch mit einem Umgebungsfühler ausgestattet werden. Diese sogenannte Umgebungstemperatur ist die Temperatur der Luft im Raum, also das, was Ihr Raumthermostat zu Hause misst. Dieses wird als Thermoelement bezeichnet. Ein Thermoelement ist eine Verbindung zwischen zwei verschiedenen Metallen, die eine Spannung in Abhängigkeit von einer Temperaturdifferenz erzeugt. Thermoelemente sind ein weit verbreiteter Typ von Sensoren zur Messung und Steuerung von Temperaturen und können auch zur Umwandlung von Wärme in elektrische Energie verwendet werden. Sie sind preiswert und austauschbar, werden mit Standardanschlüssen geliefert und können ein sehr breites Spektrum an Temperaturen messen.

PASSIVE INFRAROT-BEWEGUNGSMELDER

Ein Passiv-Infrarot-Bewegungsmelder ist ein Gerät, das Infrarotlicht (IR) misst, das von Objekten in seinem Sichtbereich abgestrahlt wird. Die Bewegung wird erkannt, wenn eine Infrarotquelle mit einer Temperatur, wie z. B. ein Mensch, vor einer Infrarotquelle mit einer anderen Temperatur, beispielsweise einer Wand, vorbeigeht.

Alle Objekte erzeugen die so genannte Schwarzkörperstrahlung. Dabei handelt es sich in der Regel um Infrarotstrahlung, die für das menschliche Auge unsichtbar ist, aber von elektronischen Geräten, die für diesen Zweck entwickelt wurden, erfasst werden kann. Der Begriff passiv bedeutet in diesem Fall, dass das Gerät keine Infrarotstrahlung aussendet, sondern lediglich passiv eingehende Infrarotstrahlung aufnimmt.

Diese preiswerten Geräte können in jedem Baumarkt für weniger als 20 Euro erworben werden. Sie werden in der Regel an einem Ort platziert, an dem eine Aktivität vermutet wird. Wir haben diese Geräte oft auf Treppen und in Türöffnungen positioniert. Einige Geräte sind empfindlich genug, um eine Maus wahrzunehmen, wenn sie zufällig vor dem Gerät vorbeilaufen sollte. Seien Sie sich dessen bewusst, wenn Sie sich an einem Ort befinden, an dem sich auch diese kleinen Tierchen aufhalten könnten.

Das ist die grundlegende Geräteausstattung, die Sie sich anschaffen sollten. Sie wissen jetzt hoffentlich besser, was jedes Teil zu leisten vermag und warum wir es verwenden.

KAPITEL 8

Wetter

- Weltraumwetter
- Klassifizierung von Sonneneruptionen
- Geomagnetische Stürme
- Einfluss des Mondes

8

WETTER

Sie werden sich fragen, warum sich eine paranormale Ermittlungsgruppe mit dem Wetter beschäftigen sollte. Nun, für eine Untersuchung im Freien sollten Sie wissen, wie Sie sich kleiden müssen. Doch es gibt noch viele weitere Gründe, warum das Wetter für Ermittlungen von Bedeutung ist; nachfolgend einige wichtige Punkte:

Die Luftfeuchtigkeit ist ein entscheidender Faktor, da zu viel Wasserdampf in der Luft zu falsch-positiven Fotos führen kann. Die relative Luftfeuchtigkeit ist ein Maß für die Menge des Wasserdampfs in der Luft im Vergleich zur maximal möglichen Menge bei einer bestimmten Temperatur. Luft mit einer relativen Luftfeuchtigkeit von 50 % enthält die Hälfte der gesamten Wasserdampfmenge, die sie bei dieser Temperatur aufnehmen kann.

Auch die Kombination von Temperatur und Luftfeuchtigkeit ist erforderlich, um sie zu kennen und zu verstehen. Der „Taupunkt“ ist die Temperatur, bei der die Sättigung der Luft eintritt und die Kondenswasserbildung beginnt. Wird Luft mit 100 % Luftfeuchtigkeit abgekühlt, bildet sich bei oder unterhalb dieser Taupunkt-Temperatur (z.B. kaltes Glasfenster eines beheizten Hauses) Kondensation als Nebel in der Luft oder auf Oberflächen. Dieses Phänomen kann auch an einem kalten Wintertag beobachtet werden, wenn Sie „Ihren Atem“ in der Luft sehen; Ihr warmer Atem wird so weit abgekühlt, dass ein Teil seines Wasserdampfes kondensiert und die winzigen Wassertröpfchen als Nebel entstehen. Dieser „Nebel“ kann möglicherweise als ein falsch-positives Foto interpretiert werden.

Im Allgemeinen wird gesagt, dass man bei einem aufkommenden Sturm das Ozon förmlich in der Luft riechen kann. Stürme erzeugen eine Fülle von negativ geladenen Ionen in der Luft; dies ist vergleichbar mit statischer Elektrizität, welche überschüssige Energie ist, und in die Geister eindringen und sich manifestieren können.

Übermäßige Temperaturen sowie extrem niedrige Temperaturen wirken sich negativ auf einige Messgeräte aus, die in der paranormalen Forschung verwendet werden. Regen, Schnee und Nebel führen zu falsch positiven Fotos. (*Siehe dazu Kapitel 5*)

Niedrigere Temperaturen sind zudem gut für die Untersuchung, aber warum? Statische Elektrizität kann sich im Winter viel leichter aufbauen, da die Luft trockener ist. Im Sommer erlaubt die Luftfeuchtigkeit nicht, dass sich statische Elektrizität aufbaut. In den kälteren Monaten gibt es also zusätzliche elektrische Energie in der Luft, die den Geistern zu mehr Aktivität verhilft.

Auch Sonne und Mond beeinflussen paranormale Untersuchungen. Es ist Fakt, dass die Aktivität von Sonneneruptionen eine große Menge an überschüssiger Energie in der Atmosphäre generiert. Diese überschüssige Energie kann von den Geistwesen genutzt werden, um sich zu manifestieren. Angesichts dieses Überflusses an Energie ist die Menge an Geisteraktivitäten, die man beobachten kann, oft höher als normal.

Die Erdmagnetfelder sind während des Voll- und Neumondes am stärksten. Auch dies ist auf Energie zurückzuführen, die das Geisterreich anzapft und vermehrt aktiv wird.

WELTRAUMWETTER

Sonneneruptionen: Die Sonne erzeugt häufig Energieausbrüche, im Wesentlichen als Ausstöße von Sonnenwind. Diese Sonneneruptionen enthalten Gamma- und Röntgenstrahlen sowie energiereiche Teilchen (Protonen und Elektronen). Die freigesetzte Energie kann bis zu einer Milliarde Megatonnen freigesetzten TNTs entsprechen, und dass innerhalb weniger Minuten. Die Eruptionstätigkeit nimmt mit dem Anwachsen der Sonnenflecken zu.

Klassifizierung von Sonneneruptionen

Sonneneruptionen werden anhand der Röntgenenergie, die sie auf dem Höhepunkt ihres Ausbruchs abgeben, eingeteilt.

- **Klasse C:** häufige Eruptionen
- **Klasse M:** Die Eruptionen sind größer, aber nur mäßig stark
- **Klasse X:** Dies sind die stärksten Eruptionen

GEOMAGNETISCHE STÜRME

Ein geomagnetischer Sturm, auch Magnetsturm genannt, ist eine Störung der oberen Erdatmosphäre, ausgelöst durch sogenannte Sonneneruptionen, den helle Eruptionen aus dem sichtbaren Teil der Sonnenchromosphäre. Das mit diesen Eruptionen einhergehende Material besteht in erster Linie aus Protonen und Elektronen mit einer Energie von einigen tausend Elektronenvolt, dem sogenannten Plasma. Dieses Material bewegt sich mit Geschwindigkeiten von 1000 bis 2000 km pro Sekunde durch das interplanetare Medium, so dass es die Erde in etwa 21 Stunden erreicht.

Der Druck des eintreffenden Plasmas wird auf den äußeren Rand der Erdmagnetosphäre ausgeübt; dies verursacht eine Erhöhung des beobachteten geomagnetischen Feldes am Boden, wahrscheinlich durch hydromagnetische Wellen. Eines der Ergebnisse dieser Aktivität ist das sichtbare Polarlicht (Aurora borealis) sowie das Südlicht (Aurora australis), das ähnliche Licht am Südpol.

Für den paranormalen Forscher bedeutet dies vor allem, dass mehr Energie vorhanden ist, die von einem Geist angezapft werden kann.

EINFLUSS DES MONDES

Mondphasen beeinflussen die geomagnetischen Felder der Erde. Wie die meisten Polizisten und die Ärzte in der Notaufnahme Ihnen bestätigen werden, sind sie bei Vollmond besonders gefordert. Ein Vollmond strahlt mehr Energie auf die Erde ab, was wiederum die Möglichkeit einer Zunahme paranormaler Aktivitäten zulässt.

Durch das Verfolgen des Mondzyklus können wir in der Lage sein, genau zu bestimmen, wann paranormale Aktivitäten auf ihrem Höhepunkt sind, da diese mit allen Wetter-, Sonnen- und Mondphänomenen zusammenhängen.

KAPITEL 9

Ein Team bilden

- Vor der Untersuchung
- Was Sie bei einer Untersuchung zu erwarten haben
- Die verschiedenen Geisterarten
- Andere Arten von Spuk und Erscheinungen
- Sensibilität gegenüber Geistern

9

Ein Team bilden

Ein Aspekt der paranormalen Untersuchung, der keine Presse oder sonstige Aufmerksamkeit oder Beachtung erhält, ist das Untersuchungsteam selbst. Einige Gruppen haben vielleicht nur eine kleine Anzahl von Mitgliedern, so dass das Team im Prinzip von Anfang an feststeht. Andere Gruppen sind größer und müssen etwas selektiver sein, wenn es darum geht, ein Team an einem Ort zu stationieren. Sie können nicht einfach die gesamte Gruppe an einen Ort schicken, an dem eigentlich schon 4 Teammitglieder ausreichend wären.

Damit soll keineswegs gesagt werden, dass dies der einzige Weg ist, diese Aufgabe zu bewältigen, sondern nur, dass dies ein Ansatz sein kann, so zu handeln. Im ersten Kapitel dieses Buches haben erwähnte ich, dass Sie ehrlich zu sich selbst sein müssen, was hier ins Spiel kommt. Wenn Sie Ihre Schwachstellen klar benannt haben, wird die Person, die das Team zusammenstellt, wissen, was erforderlich ist, damit Sie und das Team erfolgreich sind.

Wenn wir einen Fall erhalten, möchten wir den Ort und den Kunden ein wenig verstehen, bevor wir mit der Untersuchung beginnen. Wir vereinbaren gerne einen Termin, an dem wir den Ort aufsuchen und den Fall und die Bedenken des Kunden von Angesicht zu Angesicht mit ihm besprechen. Das hilft uns bei einigen Faktoren, um das richtige Team zusammenzustellen. Wir sehen den Ort und können nun die richtige Anzahl an Ermittlern bestimmen, die benötigt werden, um diesen Ort ordnungsgemäß abzudecken, ohne übereinander zu stolpern. Es gibt uns außerdem einen besseren Hinweis darauf, was hier vor sich geht und wie wir mit dem Kunden umgehen sollen.

Dies sind entscheidende Punkte, die Sie wissen sollten. Überfrachten Sie niemals einen Ort mit Ermittlern; dies wird nur zu Problemen innerhalb Ihrer Gruppe führen, um verwertbare Beweise zu sammeln. Außerdem bekommen Sie so eine bessere Vorstellung davon, was Sie eventuell antreffen werden. Das alte Sprichwort, „Man bringt kein Messer zu einer Schießerei mit“, kommt mir da in den Sinn.

Das Anliegen des Auftraggebers und das, was er benötigt, steht an vorderster Stelle. Möglicherweise müssen Sie einen Ihrer Mitarbeiter mitbringen, der in der Lage ist, den Auftraggeber zu besänftigen und zu beruhigen. Und eventuell benötigen Sie eine gemischte Gruppe von intuitiven Ermittlern oder einem Medium zusammen mit technischen Ermittlern.

Auch Erfahrung ist wichtig für die endgültige Auswahl eines Teammitglieds. Wenn es sich um einen kritischen Fall handelt, bei dem Sie nur zwei Personen auswählen können, würden Sie sicherlich keinen Neuling dem erfahrenen Veteranen vorziehen, der über die nötige praktische Erfahrung verfügt.

Viele Leute, die einem Team angehören, nehmen es als persönlichen Angriff, wenn sie nicht für eine Untersuchung ausgewählt werden. Alle Beteiligten müssen jedoch und verstehen und akzeptieren, dass es sich nicht um ein Bevorzugungsspiel handelt. Es geht ausschließlich um die Bedürfnisse des Kunden und des zu untersuchenden Ortes. Alle benötigen entsprechende Erfahrungen, und wenn Sie an einem öffentlichen Ort sind, können Sie dort anfangen, Ihre detektivischen Fähigkeiten zu verfeinern, bevor Sie in ein Privathaus gehen.

VOR DER UNTERSUCHUNG

Es muss ein Teamleiter, kurz TL, ausgewählt werden, und dieser sollte auch immer einen Treffpunkt festlegen, der sich entweder günstig zum Ort oder zentral für alle Ermittler befindet. Dieser legt ebenfalls den Zeitpunkt des Treffens fest und er sollte dabei genügend Spielraum für die Anreise berücksichtigen. Wären Sie z.B. Teamleiter, sollten Sie folgende Aufgaben durchführen:

- Senden Sie eine E-Mail an die Teams oder rufen Sie sie an, um ihnen die Informationen bezüglich des Treffpunktes mindestens 2 Tage vorher mitzuteilen und listen Sie die Teams nicht in dieser E-Mail auf. In anderen Worten: Sagen Sie nicht, dass A und B zusammen ein Team bilden, sondern warten Sie damit, bis alle vor Ort sind. Denn was ist, wenn A einen Rückzieher macht oder wenn A und B sich wirklich nicht leiden können? Vermeiden Sie es, Emotionen zu provozieren, welche die Untersuchung störend beeinträchtigen könnten.

- Gehen Sie den vom Kunden vorher beantworteten Fragenkatalog durch, damit Sie verstehen, was der primäre Grund für den Einsatz ist, aber teilen Sie diese Informationen nicht mit dem Team, um es nicht zu beeinflussen. In einem späteren Kapitel werden wir den Fragenkatalog ausführlicher besprechen. Am Ermittlungstag sollten Sie sich die Wetterinformationen und die Mond- bzw. Sonneninformationen aufschreiben und in die entsprechende Fallakte legen.

WAS SIE BEI EINER UNTERSUCHUNG ZU ERWARTEN HABEN

Für diejenigen, die in diesem Bereich neu beginnen, gibt es eine Menge zu lernen und zu verstehen, bevor Sie tatsächlich einen Fall übernehmen. Eine Sache, die meiner Meinung nach alle „Neulinge“ verstehen müssen, ist: „Erwarten Sie nicht, dass etwas passiert.“

Wenn Sie zu einer Ermittlung oder Untersuchung gehen und erwarten, den Geist von Goethe oder auch einfach nur den von Tante Frieda zu sehen, stellen Sie sich darauf ein, enttäuscht zu werden. Die meiste Zeit sitzen paranormale Ermittler nämlich herum und warten und warten und warten. Paranormale Aktivität beginnt nicht, bloß weil ein Ermittler anwesend ist. Wenn Sie mit der Erwartung hineingehen, dass nichts da ist und dass es nichts Paranormales gibt, dann werden Sie auch nicht enttäuscht sein.

Falls Sie sich im Privathaushalt eines Kunden befinden und ihm helfen sollen, behalten Sie Ihre Emotionen unter Kontrolle. Sie dürfen vor dem Kunden niemals aufgeregt oder enttäuscht wirken. Die Betroffenen bitten Sie um Hilfe, so dass Ihre Körpersprache und Ihr Verhalten leicht von diesen wahrgenommen werden kann. Sie müssen während einer Untersuchung so ausgeglichen wie möglich sein. Das gilt auch für die Zeit, wenn tatsächlich etwas geschieht. Laufen Sie nicht schreiend aus dem Haus, wenn Tante Frieda mit Ihnen spricht.

Wenn Sie jemandem helfen, dann müssen Sie auch entsprechend handeln. Ich war schon bei mehreren Ermittlungen beteiligt, bei denen etwas Erstaunliches passiert ist. Ich bin auch zufrieden, wenn ich sagen kann, dass wir danach wie gewohnt unserer Arbeit nachgingen. Wie immer sollten Sie daran denken, dass Sie dabei nicht nur sich selbst repräsentieren , sondern auch die paranormale Ermittlergemeinschaft.

Obwohl Sie nicht erwarten sollten, dass etwas passiert, müssen Sie vorbereitet sein, wenn doch etwas geschieht. Wenn Sie eine Erscheinung in einem Raum mit Ihnen sehen und Sie diese nur ehrfürchtig oder verwundert anschauen, dann haben Sie keine Möglichkeit zu beweisen, was dort stattgefunden hat. Halten Sie Ihre immer Ihre Kamera bereit, um mehrere Fotos von dem Bereich zu schießen, halten Sie ein IR-Thermometer bereit, um den Bereich auf Temperaturschwankungen zu untersuchen. Und hoffentlich sind Sie dann in der Lage, eine EVP-Sitzung durchzuführen und haben Ihr EMF-Messgerät dabei, um zu sehen, ob sie etwas registrieren können.

DIE VERSCHIEDENEN GEISTERARTEN

Das allgemeine, von der Filmindustrie geprägte Konzept eines Geistes ist nicht korrekt, entspricht aber dem, woran viele denken, wenn von Geistern die Rede ist. Es existieren grundsätzlich drei Arten von Spuk.

Die erste Form des Spuks ist ähnlich einer Videowiedergabe eines historischen oder tragischen Ereignisses. Dies ist bekannt als ein residualer Spuk. Hierbei spielt sich das Ereignis vor Ihren Augen ab und es findet keinerlei Interaktion zwischen Ihnen und den Geistern statt. Sie scheinen Sie nicht zu bemerken und durchlaufen die Abfolge eines vergangenen Ereignisses. Ein solches Ereignis hat sich auf dem Gelände oder Gebäude eingeprägt und wird später unter bestimmten Bedingungen wieder abgespielt. Bei diesen Geistern handelt es sich nicht um erdgebundene Geister, sondern nur um visuelle Wiedergaben. Da bekanntlich alles aus Energie zusammengesetzt ist, besagt die Theorie, dass ein Teil der Energie eines Geschehens von bestimmten Materialien aufgezeichnet und wiedergegeben werden kann, wenn die entsprechende Atmosphäre dies zulässt. Denken Sie daran, dass Video- und Audiobänder lediglich ein oxidierter (rostiger) Film sind, der es ermöglicht, dass die Bilder und Töne daran „kleben". Diese Form des Spuks kann beim Anblick beängstigend sein, allerdings sind Sie in keiner Weise in Gefahr, also genießen Sie die Erfahrung.

Die zweite Variante des Spuks ist ein interaktiver Geist, der sich auf viele Arten bemerkbar macht. Sie werden vielleicht eine ganzkörperliche oder eine nur zum Teil körperliche Erscheinung wahrnehmen. Meistens hören Sie jedoch Stimmen, Musik oder Schritte. Möglicherweise bemerken Sie auch Gerüche, für die es keine offensichtlichen Geruchsquellen gibt (z. B. Tabak, wenn niemand raucht). Unter Umständen sehen Sie auch Orbs, Nebel und andere Lichteffekte. Sie werden möglicherweise Berührungen, kalte Stellen und andere leichte körperliche Berührungen spüren.

Bei dieser Art von Erscheinung haben Sie es mit dem Geist eines verstorbenen Menschen zu tun. Möglicherweise sitzen diese Geister hier aus Gründen wie einem tragischen plötzlichen Tod, Angst vor dem Weiterziehen, Schuldgefühlen oder unerledigten Angelegenheiten fest (erdgebunden). Zudem können sie anwesend sein, um geliebte Menschen zu besuchen, zu warnen oder auch eine Botschaft weiterzugeben. Diese „menschlichen" Geister sind von ihrer Wesensart her die gleichen, wie sie im Leben waren, sie können also gut oder schlecht sein, aber nicht wirklich böse. Denken Sie an die vielen Menschen, die Sie kennen, die wahrscheinlich zum Teil gute und zum anderen schlechte Charakterzüge haben.

Diese Art von Spuk kann einige beängstigende Situationen verursachen, jedoch müssen sie an die Situation denken, in der sie sich in diesem Moment befinden: Sie können die Geister nicht sehen, aber diese sehen Sie. Sie werden versuchen, Ihre Aufmerksamkeit auf jede nur erdenkliche Weise zu erlangen. Oft ist dies ein beängstigendes Ereignis, vor dem die Personen Angst haben, wie beispielsweise Lichter, die an- und ausgehen, Gegenstände, die sich bewegen, Geräusche, usw. Doch größtenteils handelt es sich dabei nur um Aufmerksamkeit heischende Dinge und nichts weiter. Allerdings gibt es noch ein paar schelmische menschliche Geister, die solche Dinge tun, um Sie zu ärgern und Ihnen absichtlich einen Schrecken einzujagen.

Es kann sein, dass sie einfach nur Schabernack treiben oder vielleicht sogar wollen, dass Sie die alte Wohnung verlassen oder etwas in der Wohnung nicht verändern. Ihre Beweggründe sind die gleichen wie die von Ihnen und mir. Diese menschlichen Geister machen einen Großteil der Spukfälle aus, denen wir begegnen, und sind relativ harmlos. Zugegeben, es gibt extreme Fälle und manchmal können sie gefährliche Situationen verursachen, allerdings ist dies nicht der Normalfall.

Die dritte Art von Geistern, denen Sie begegnen können, ist zwar nicht selten, aber es ist ungewöhnlich, dass sie mit den Lebenden interagieren. Es sind nicht-menschliche Geister, landläufig bekannt als Dämonen und Teufel. Sie werden in der Bibel an zahlreichen Stellen erwähnt, sowohl im Alten als auch im Neuen Testament. Diese Art von Geist ist gefährlich und kann Ihnen auch Schaden zufügen.

Aus diesem Grunde empfehle ich, dass Sie nicht versuchen, mit Geistern in Kontakt zu treten und auf Geisterjagd zu gehen, ohne ein gewisses Verständnis von dem zu besitzen, was dort draußen existiert. Ich empfehle Ihnen deshalb mit erfahrenen Leuten zusammenzuarbeiten oder von ihnen zu lernen, bevor Sie „auf die Jagd" gehen.
Wenn Sie dies befolgen, können Sie mit relativer Sicherheit vor diesen Wesen auf die Geisterjagd gehen.

ANDERE ARTEN VON SPUK UND ERSCHEINUNGEN

Erscheinungen: besser bekannt als Geister, die als eine Form menschlichen Verstandes erscheinen, als da wären: Bewusstsein, Persönlichkeit, Seele und/oder Geist, welche unabhängig vom Körper funktioniert sowie den Tod des Körpers überleben kann. Sie besitzen Persönlichkeit und Gefühle und handeln und kleiden sich wie die Person, die sie zu Lebzeiten waren. Berichte von Erscheinungen fallen in vier Hauptkategorien:

Erscheinungen aus einer anderen Dimension oder Zeit: Es gibt Berichte von Erscheinungen, die sich vor uns genauso ängstlich verhalten wie wir vor ihnen. Es wird vermutet, dass diese Erscheinungen darauf hindeuten, dass nicht diese Wesen, sondern wir die eigentlichen Geister sind. In derartigen Berichten scheinen die beobachteten „Geister" lebendig zu sein.

Erscheinungen von Verstorbenen: Dies sind Erscheinungen von Menschen, die im Allgemeinen schon länger als 12-48 Stunden verstorben sind. Man unterscheidet zwei Unterkategorien:

- Diejenigen, die einen oder mehrere Besuche bei jemandem machen (diese müssen die verstorbene Person zu Lebzeiten nicht unbedingt gekannt haben) sowie

- die sehr seltenen Fälle von Erscheinungen, die über Monate oder Jahre an einem bestimmten Ort oder bei einer bestimmten Person verweilen, mit der sie zu Lebzeiten in Verbindung standen.

Erscheinungen von Lebenden: Auch Bilokation genannt, können diese Erscheinungen entweder spontan oder beabsichtigt sein. Im Falle einer spontanen Bilokation ist sich die Person, deren Erscheinung gesehen wird, im Allgemeinen (wenn auch nicht immer) nicht über ihre Bilokation bewusst. Bilokation wird als beabsichtigt eingestuft, wenn die Erscheinung mit einer Person in Verbindung gebracht werden kann, die sich bewusst war, dass sie eine außerkörperliche Erfahrung (AKE) hatte, oder mit jemandem, der bewusst versuchte, mit der Person zu kommunizieren, die Zeuge seiner/ihrer Erscheinung war.

Erscheinungen in Krisen- bzw. Notfällen: Erscheinungen von Sterbenden oder kürzlich verstorbenen (meist weniger als zwölf Stunden, aber auch 24-48 Stunden) sind die am häufigsten berichteten Erscheinungen. Zu dieser Kategorie gehören in der Regel einmalige Besuche bei jemandem, zu dem die Erscheinung eine enge emotionale Bindung hatte. Auch wenn diese Begegnung meist eine Art Abschied zu sein scheint, werden manchmal auch wichtige und nützliche Informationen an den Beobachter weitergegeben.

Poltergeister: Bei diesem Phänomen besteht typischerweise eine Verbindung zu einer lebenden Person am Ort. Sie werden meistens mit weiblichen Jugendlichen im vorpubertären Alter in Verbindung gebracht, die mit ungelösten emotionalen Problemen oder Stress zu kämpfen haben. Mittels Psychokinese erzeugen sie eine physische Störung oder unter Umständen sogar eine Manifestation. Der Betroffene ist sich in der Regel nicht bewusst, dass er die eigentliche Ursache ist. Einer der am meisten dokumentierten physischen Vorgänge mit Poltergeist-Aktivität ist das Aufeinanderschichten von verschiedenen Gegenständen.

SENSIBILITÄT GEGENÜBER GEISTERN

Kann während einer Untersuchung noch mehr passieren? Diese Frage lässt sich weder berechnen noch annähernd beantworten. Was wir jedoch wissen, ist, dass Menschen, die offen oder empfänglich für Geister sind, während einer Untersuchung einige Dinge wahrnehmen können.

Jeder Mensch wird mit einem gewissen Maß an Sensitivität geboren. Wenn wir heranwachsen, werden wir darauf trainiert, diese Fähigkeit zu unterdrücken, und aus diesem Grund bleibt sie inaktiv. Als Kinder sind wir wesentlich unbefangener und das ist möglicherweise der Grund, warum einige Kinder „imaginäre Freunde" haben. Fast jeder kann sich an einen Kindheitstraum erinnern, in dem jemand im Schrank oder unter dem Bett war, der von Mama oder Papa schnell vertrieben wurde mit den einfachen Worten: „Da ist nichts."

Somit sind wir darauf trainiert, diese Fähigkeit abzuschalten. Sie kann jedoch wieder aktiviert oder re-stimuliert werden. Viele paranormale Ermittler behaupten, dass sie jetzt Dinge „fühlen" können, die sie vorher nicht fühlen konnten. Es liegt wahrscheinlich einfach daran, dass sie zuerst nicht verstanden haben, was sie fühlten, aber nun die richtigen Assoziationen herstellen können.

Es gibt einige unterschiedliche Aspekte der Sensibilität für Geister und sie werden allgemein im englischen Sprachraum auch als die „Clair"-Schwestern bezeichnet, und zwar:

Clairaudience – Hellhören ist eine Form des sogenannten Channelings (Empfang von Botschaften übernatürlicher Wesen). Normalerweise definiert als die Wahrnehmung von Botschaften in Gedankenformen von einer Entität, die in einem anderen Reich existiert. Der Empfänger dieser Botschaften „hört" diese in seinem Kopf. Auch wenn man Worte oder Lieder, die einem durch den Kopf gehen, „hört", kann der Gedanke selbst alles sein, was übertragen wird. Ein gut gemeinter Rat für die anstrebenden Hellhörigen: Achten Sie darauf, dass Sie die durch Hellhören erhaltene Botschaften nur mit Menschen teilen, die sie auch wirklich verstehen. Hellhörigkeit wird oft mit Schizophrenie verwechselt.

Clairgustance – Hellschmecken ist das Wahrnehmen von Geschmacksempfindungen, ohne tatsächlich etwas in den Mund zu nehmen. Diese Menschen sind in der Lage, die Essenz einer Substanz durch Geschmack aus den geistigen Bereichen wahrzunehmen.

Clairsentience – Hellfühlen wird auch als Psychometrie bezeichnet und ist die Fähigkeit, einen weit entfernten Gegenstand zu berühren oder festzuhalten, an einem bestimmten fernen Ort zu verweilen, ohne dort physisch anwesend zu sein oder den Körper einer nicht anwesenden Person zu berühren und die Energie zu spüren, die diese Person, diesen Ort oder diese Sache umgibt. Diese Energien können leicht oder schwer, freudig oder ahnungsvoll, hart oder sanft, friedlich oder wütend, gut oder böse sein und werden nach ihrer emotionalen Wirkung auf den Hellsichtigen beurteilt. Ein Hellfühlender ist eine einfühlsame Person, die in der Lage ist, alle Arten von Energien zu erfahren und zu interpretieren.

Clairvoyance – Hellsehen ist die Kunst des „Sehens" mit Sinnen jenseits der üblichen fünf, die wir benutzen. Hellsichtigkeit wird auch oft als der „sechste Sinn" bezeichnet. Ein Hellseher sieht mit dem sogenannten dritten Auge. In unserem Körper befindet sich die sogenannte Zirbeldrüse. Diese Drüse ist von ihrer ursprünglichen Größe, die etwa einem Tischtennisball entsprach, auf ihre heutige Größe, die ungefähr der Größe einer Erbse entspricht, degeneriert, weil wir vor langer Zeit vergessen haben, wie man sie benutzt. Die Zirbeldrüse sieht aus wie ein Auge, und in mancher Hinsicht ist sie sogar buchstäblich ein Augapfel. Er ist rund und weist in einem Bereich eine Öffnung auf. In dieser Öffnung befindet sich eine Linse zum Fokussieren von Licht.

Einige Menschen werden plötzlich nach einem einmaligen Erlebnis hellsichtig, z. B. nach einer Nahtod-Erfahrung, hohem Fieber, einem schweren Unfall, einem Schlag auf den Kopfbereich, usw. Hellsichtigkeit ist mit der rechten Seite des Gehirns verbunden - den weiblichen, kreativen und intuitiven Bereichen. Das ist auch der Grund, warum Sie dazu neigen, körperliche Empfindungen auf der linken Seite Ihres Körpers zu spüren, wenn Sie hellseherisch arbeiten. Die Energie dringt über die linke Körperhälfte ein, um die rechte Gehirnhälfte zu aktivieren.

KAPITEL 10

Durchführen einer Untersuchung

- Bevor die Untersuchung beginnt
- Dresscode für die Ermittlungen
- Ankunft vor Ort
- Aufteilen der Teams
- Rotation
- Während der Untersuchung
- Positionierung der Instrumente und Geräte

10

Durchführen einer Untersuchung

Klingt doch ganz einfach, oder? Rausgehen und loslegen, stimmts? Ich wollte, es wäre nur so einfach. Wie bei allem, was man macht, sollte man ein paar Dinge verstanden haben, bevor man sich an den lokalen Schauplatz begibt.

Zunächst ist es einmal wichtig zu verstehen, was der Unterschied zwischen einer Geisterjagd und einer paranormalen Untersuchung ist. Bei einer Geisterjagd gehen Sie an einen Ort und jagen förmlich, um zu sehen, was Sie dort finden können. Sie agieren so, als ob es eine normale Untersuchung wäre, aber Sie wissen nicht, ob an diesem Ort irgendwelche Geister herumspuken. Wir werden uns in einem bald erscheinenden zweiten Band mit dieser Art beschäftigen. Bei einer paranormalen Untersuchung bzw. Ermittlung hingegen begeben Sie sich an einen Ort, an dem es bekannterweise spukt. Wenn Sie also zum ersten Mal das Haus eines Kunden aufsuchen, ist es mehr als wahrscheinlich, dass Sie eine Geisterjagd durchführen werden.

BEVOR DIE UNTERSUCHUNG BEGINNT

Lassen Sie uns zunächst kurz besprechen, welche Rolle Sie bei einer Untersuchung spielen. Sie müssen sich bewusst sein, dass Sie wichtigste Werkzeug sind, welches bei der Untersuchung eingesetzt wird, also sorgen Sie dafür, dass Sie einen klaren Kopf haben, scharfsinnig und konzentriert bleiben. Es kann sein, dass Sie sich auf eine Nacht einlassen, in der Sie die nächsten Stunden lediglich im Dunkeln reden werden, aber Sie könnten eine Untersuchung durchführen, auf die Sie schon immer hofften.

Der entscheidende Punkt ist, nichts zu erwarten und so besonnen wie möglich zu sein, bevor man zu einer Untersuchung hinausgeht. Wenn Sie nach einem anstrengenden Tag im Büro zu einer Untersuchung gehen und der Verkehr heute dazu noch völlig überlastet ist und Sie sind verärgert, dann ist dieser Abend eventuell nicht der beste Zeitpunkt für Sie, um an einer Untersuchung teilzunehmen. Einfacher ausgedrückt: Gleiches zieht Gleiches an. Wenn Sie in einem schlechten Gemütszustand sind, werden Sie möglicherweise etwas Unangenehmes auf sich ziehen und es gibt nicht den geringsten Anlass, Ihr Team, Ihren Kunden und sich selbst in diese Situation zu bringen. Um korrekt zu ermitteln, müssen Sie in der richtigen Verfassung sein. Ruhig, entspannt und vorbereitet auf das, was da auf Sie zukommen könnte. Der gesunde Menschenverstand gebietet, dass Sie mindestens 24 Stunden vor einer Untersuchung weder Alkohol trinken noch irgendeine Form von illegalen Substanzen konsumieren sollten. Auf diese Weise ist gewährleistet, dass Sie einen klaren Kopf haben, wenn Sie loslegen.

Jetzt, wo wir tatsächlich mit der Untersuchung beginnen, ist es wichtig, über Skepsis zu reden. Die meisten Leute sagen, dass man nicht an einer paranormalen Untersuchung teilnehmen kann, wenn man ein Skeptiker ist. Ich denke, es gibt hier einen gewissen Spielraum, der erwähnt werden sollte. Ich finde, dass alle Ermittler aufgeschlossene Skeptiker sein müssen. Man darf nicht vollkommen gegen alles eingestellt zu sein, aber auch nicht meinen, dass alles, was da draußen geschieht, paranormal ist.

Das wiederum bedeutet, dass Sie bereit sind, die Möglichkeit in Betracht zu ziehen, dass etwas Paranormales existiert, nachdem das Natürliche ausgeschlossen werden konnte. Im Umkehrschluss: Sie können nicht auf eine Untersuchung gehen und glauben, dass alles, was Sie antreffen werden, paranormal ist. Es ist notwendig, immer einen klaren Kopf zu behalten und zuerst nach natürlichen Erklärungen zu suchen.

Erst wenn das Natürliche ausgeräumt ist, kommt das Paranormale ins Spiel!

DRESSCODE FÜR DIE ERMITTLUNGEN

Für die Umgebung, in der Sie ermitteln werden, ist bequeme und sichere Kleidung erforderlich. Ich kenne viele Leute, die gerne Kleidungsstücke mit vielen Taschen tragen. Ich wette, Sie werden schnell die Sinnhaftigkeit hinter dieser Entscheidung erkennen. Auch die Schuhe sind sehr wichtig. Achten Sie darauf, dass sie bequem und vorzugsweise leise sind; tragen Sie also am besten keine Cowboystiefel auf einem harten Holzfußboden. Es empfiehlt sich, für die Untersuchung keinen Schmuck oder reflektierende Kleidung zu tragen.

Bei Teilnehmern mit langen Haaren ist es sinnvoll, diese ordentlich zurückzubinden, um zu verhindern, dass die Haare während der Untersuchung vor die Kameralinse geraten. Verwenden Sie keine Parfüms, Ihr Geruchssinn ist bei einer Ermittlung sehr wichtig. Wir haben alle schon davon gehört, dass man einen Blumenduft wahrnehmen kann, wenn irgendwelche Geistwesen in der näheren Umgebung sind, also sollten Sie einen anderen Ermittler oder sich selbst nicht mit einem Duft verwirren, den Sie tragen.

Sehen Sie so professionell wie möglich aus. Das bedeutet nicht Hemd und Krawatte, aber es beinhaltet, dass Sie seriös aussehen sollten. Tragen Sie keine aufreizende Kleidung, (ja Mädels, das kann auch im Dunkeln eine Ablenkung sein). Ich kenne zu viele Fälle, in denen... oh pardon, ich darf das hier nicht erzählen. Sie und Ihre Gruppe müssen in einem positiven Licht dargestellt sein; das paranormale Feld wird bereits mit Argwohn betrachtet, also tun Sie hier Ihr Möglichstes, um dieses Gebiet in ein besseres Licht zu rücken.

ANKUNFT VOR ORT

Gehen wir davon aus, dass Sie bereits die Erlaubnis haben, sich an dem Ort aufzuhalten, an dem die Untersuchung stattfinden soll. Falls nicht, hören Sie auf und verlassen Sie den Ort. Sie müssen immer eine schriftliche(!) Erlaubnis haben, sich an einem Ermittlungsort aufzuhalten. Wir verwenden ein Genehmigungsformular, das wir von unseren Kunden unterschreiben lassen und das besagt, dass sie uns den Zutritt zu dem betreffenden Ort gewähren, um eine paranormale Untersuchung durchzuführen. Darüber hinaus haben wir Entlastungserklärungen für sie, die besagen, dass wir sie nicht für Personenschäden haftbar machen werden, die wir durch die Durchführung dieser Untersuchung erleiden könnten. Manche Leute haben ständig die Befürchtung, verklagt zu werden, und das hilft ihnen, diese Angst zu lindern.

Wir haben vorhin schon von einem Leiter für die Ermittlung gesprochen; das ist diejenige Person, welche für die jeweilige Untersuchung verantwortlich ist. Sie sollten nie mehr als eine Person als Verantwortlichen für eine Untersuchung haben; das würde die Arbeit nur zusätzlich belasten. Die Teamleiter (TL) müssen den Treffpunkt und die Uhrzeit so festlegen, dass Sie an einem möglichst unauffälligen Ort eintreffen können.

Ihre Klienten sind ohnehin schon besorgt über das, was auf sie zukommt, und Sie wollen sicher nicht die Aufmerksamkeit auf Ihre Ankunft lenken.

Sobald Sie am Ort des Geschehens angekommen sind, sollte der TL die Teammitglieder dem Kunden vorstellen und den Kunden auch daran erinnern, mit absolut niemandem über den Fall zu reden. Sie müssen vermeiden, dass ein Teammitglied von der gemeldeten Aktivität erfährt und voreingenommen ist. Diese Angaben sollten nur dem Teamleiter bekannt sein, weshalb alle Fragen an ihn gerichtet werden müssen.

Sobald Sie Ihre Geräte und Instrumente an einem geeigneten Ort positioniert haben, sollte der TL das Team darum bitten, die Räumlichkeiten besichtigen zu dürfen. Dabei sollte er gleichzeitig jemanden beauftragen, während dieser Begehung in jedem Raum Anfangs- oder Basismessungen vorzunehmen und zu notieren. Die Werte der Basismessungen geben Ihnen einen Anhaltspunkt für die Messwerte aller elektromagnetischen Felddetektoren und Temperaturmessgeräte. Dazu benötigen Sie den digitalen EMF-Detektor und ein Thermometer. In den einzelnen Räumen sollte der Messbeauftragte alle 2-3 Quadratmeter die Werte vom Boden bis zur Decke messen. Sie werden in jedem Raum eine beträchtliche Anzahl von Messwerten sammeln. Sobald die Messung im Raum abgeschlossen ist, müssen Sie den Mittelwert aus diesen Messwerten bilden und Ihre Referenzwerte ermitteln. Das kann einige Zeit in Anspruch nehmen, ist aber für Ihre Untersuchung extrem wichtig.

Während der Begehung sollte der TL die zu verwendenden Raumbezeichnungen wiederholen, damit sie von allen Teammitgliedern gehört werden und sie verstehen, welcher Raum wie bezeichnet wird. Auf diese Weise erhält das Team ein Bild vom Lageplan und den zugehörigen Raumbezeichnungen.

Notieren Sie sich bei der Begehung auch reflektierende Oberflächen. Der zuständige Teamleiter sollte sich erkundigen, ob Vorhänge und Jalousien geschlossen werden können, um jegliche äußere Beeinträchtigung zu vermeiden. Wenn Sie im Sommer untersuchen und die Fenster zur Belüftung dienen, machen Sie sich Notizen darüber, was Ihre Untersuchung unter Umständen beeinflussen könnte.

AUFTEILEN DER TEAMS

Nach der anfänglichen Begehung muss der TL nun die Teammitglieder einander zuordnen, normalerweise sollte er einen erfahreneren Ermittler einem weniger erfahrenen zur Seite stellen. Auf diese Weise gibt es für die neueren Teammitglieder immer einige Lernmöglichkeiten.

Wir haben stets damit gewartet, die Teammitglieder zuzuweisen, bis wir vor Ort angekommen sind, für den Fall, dass jemand absagen musste oder ein unerwarteter Streit zwischen den Mitgliedern an diesem Tag auftrat, man weiß eben nie. Die Teams sollten mindestens aus zwei Personen bestehen. Ich habe Untersuchungen erlebt, in denen man Leute zu Einzelwachen schickt, aber das halte ich für eine falsche Entscheidung. Was tun, wenn der betreffenden Person etwas zustößt und niemand da ist, um ihr zu helfen? Wenn die Aktivitäten intensiver werden, sind mehr Augen und Ohren vorhanden, um zu dokumentieren, was vor sich geht. Im obigen Szenario, wenn die Aktivität für jemanden zu viel des Guten wird, hat derjenige eine viel bessere Chance, durchzuhalten, wenn er jemanden an seiner Seite hat.

Mit mindestens zwei Mitgliedern in jedem Team können Sie nun die Geräte aufteilen und überprüfen. Sie sollten darauf achten, dass Sie so viel Ausstattung wie möglich verwenden und dass diese gleichmäßig an die Teams verteilt werden. Jedes Mitglied sollte über eine eigene Kamera, ein digitales Sprachaufzeichnungsgerät oder einen Notizblock und Stift sowie eine Taschenlampe verfügen. Empfehlenswert ist für jeden eine Gerätetasche, in der sie ein paar EMF-Detektoren, ein IR-Thermometer und, wenn möglich, einen Bewegungsmelder mitnehmen können. An diesem Punkt sollte abschließend eine Überprüfung aller Batterien und Uhrzeiten an allen Geräten erfolgen; Sprachaufzeichnungsgeräte, Uhren sowie Kameras.

DIE ROTATION

Sie haben jetzt Teams paarweise mit entsprechender Ausrüstung aufgestellt. Ich habe immer darum gebeten, dass, wenn man ein Ausrüstungsteil aus einem der Koffer nimmt, man auch derjenige ist, der es wieder in diesen Koffer zurücklegt und es während der gesamten Untersuchung bei sich trägt.

Der TL sollte nun die Teams den verschiedenen Bereichen am Einsatzort zuweisen. Nehmen wir an, wir befinden uns in einem zweistöckigen Privathaus mit ausgebautem Keller und es sind 4 Ermittler vor Ort. Nach Möglichkeit sollten Sie eine Etage zwischen den einzelnen Teams für die Untersuchung freihalten und die einzelnen Teams im Laufe der Ermittlungen durch die einzelnen Etagen rotieren lassen.

Gewöhnlich wird von 21.00 bis 24.00 Uhr ermittelt, was drei einstündige Rotationen durch die Räumlichkeiten ermöglichen würde. Bei dieser Konfiguration würde ich ein Team im Keller und ein Team im zweiten Stock starten und den ersten Stock frei lassen. Beim ersten Wechsel würde ich die Teams in den nächsten Bereich verlegen, und zwar das Team aus dem zweiten Stock in den Keller und das Kellerteam in den ersten Stock.

Nach einer Stunde geht das Team der ersten Etage in die Zweite und schließlich das Kellerteam in die erste Etage. Bei den letzten beiden Rotationen muss es eine Absprache zwischen den Teams geben, um mögliche Beeinträchtigungen durch EVP-Arbeiten etc. zu minimieren.

WÄHREND DER UNTERSUCHUNG

Sobald Sie den Raum kennen, in dem Sie beginnen werden, begeben Sie sich so schnell und leise wie möglich zu diesem Bereich. Dort angekommen, begutachten Sie schnell den Raum und legen fest, wo Sie Ihre Geräte aufstellen werden und beginnen mit der Platzierung. Notieren Sie die Position der einzelnen Messgeräte auf dem Rekorder oder auf einem Blatt Papier, damit Sie sie als Referenz verwenden können. Vermerken Sie namentlich, wo sich welches EMF-Messgerät befindet und welchen Bereich es abdeckt.

Wenn Sie in einem kleinen Haus sind, sollten Sie sich einen geeigneten Sitzplatz suchen und sich so wenig wie möglich bewegen. Wenn Ihnen eine Stunde im zweiten Stock zur Verfügung steht und vier Schlafzimmer vorhanden sind, versuchen Sie, mindestens 15 Minuten in jedem dieser Zimmer zu verbringen.

Bevor Sie beginnen, notieren Sie sich den Raum, in dem Sie sich befinden, sowie die Uhrzeit. Notieren Sie auch alle reflektierenden Oberflächen , z. B. Spiegel oder Glasfronten von Schränken und Fernsehern, um nur einige zu nennen. Sollten reflektierende Metallteile an den Möbeln im Raum vorhanden sein, vermerken Sie dies. Notieren Sie sich auch externe Lichtquellen, die Ihre Fotos beeinflussen könnten, z. B. Straßenlaternen, Verkehrsampeln usw.

Sie müssen als Team arbeiten, bleiben Sie also, wenn möglich, immer in Sichtweite des anderen. Wenn nicht, bleiben Sie in Hörweite, damit Sie effektiv kommunizieren und sich gegenseitig helfen können, wenn es erforderlich ist. Denken Sie nie, dass Sie nahe genug bei Ihrem Partner sind, stellen Sie sicher, dass es so ist.

Nach einer Weile werden Sie sich in einen anderen Raum oder an einen anderen Ort begeben. Vermerken Sie die Zeit, zu der Sie wechseln und wo Sie hingehen. Sie können sich vielleicht frei bewegen, werden aber bemerken, dass in manchen Räumlichkeiten Ihre Bewegung fast wie eine Reaktion auf eine Frage einer Ermittlergruppe in einem anderen Raum klingen kann. Durch Aufzeichnung Ihrer Bewegung und des Zeitpunkts kann festgestellt werden, ob Ihre Bewegung und die mögliche Reaktion der anderen Gruppe ein und dasselbe sein könnte, wodurch diese Episode als Beweis nicht mehr zulässig ist.

Das Wichtigste, was Sie während einer Untersuchung tun werden, ist, alles bis ins Detail zu dokumentieren, was Sie tun, und ich meine absolut alles. Ein leichtes Husten oder Niesen, das Sie von sich geben, könnte sich für das Team unten wie etwas gänzlich anderes anhören und sollte daher von Ihnen als Verursacher und von denen, die dieses Geräusch hören, schriftlich festgehalten werden. Einige Dinge, die Sie vielleicht nicht für dokumentationswürdig halten, die Sie aber dennoch vermerken sollten, sind zum Beispiel:

- Husten
- Niesen
- Lachen
- Anstoßen an einen Gegenstand
- Fallenlassen von Gegenständen
- Benutzen der Toiletten, wenn keine Pause ist
- Einschalten von Gegenständen, die Strom in der Umgebung oder auch Geräusche auslösen könnten, wie z. B. ein Fernsehgerät

- Bei der Durchführung eines Klopfexperiments
- Lautes Atmen.

Ich hoffe, Sie haben den Sinn verstanden, wirklich **alles** zu dokumentieren.

POSITIONIERUNG DER INSTRUMENTE UND GERÄTE

Sie haben nun eine ganze Reihe von Geräten bei sich und können diese in dem jeweiligen Raum platzieren, in dem Sie sich befinden. Ein paar Kapitel zuvor haben wir die effektive Reichweite einiger der bekannteren EMF-Detektoren besprochen. Verschaffen Sie sich einen Überblick über den Raum und entscheiden Sie, wo Sie die Messgeräte platzieren wollen, um den gesamten Raum abzudecken. Beachten Sie alle Hinweise, die Sie vom Teamleiter auf mögliche EMF-Kontaminationen erhalten haben, und vermeiden Sie die Platzierung Ihrer Messgeräte in diesen Bereichen. Sollten Sie einen Punkt finden, der vom TL übersehen wurde, lassen Sie es das Team bei der nächsten Rotation wissen, denn wir alle können Zeit sparen, wenn wir angemessen kommunizieren.

Die Positionierung der Messgeräte Rückseite an Rückseite ist akzeptabel, um eine vollständige Abdeckung des Raums zu erreichen. Es mag sein, dass Sie keine vollständige Abdeckung erreichen können, doch versuchen Sie, einen möglichst großen Teil des Raums zu erfassen. Sobald Sie Ihre vorläufigen Notizen gemacht und Ihre Ausrüstung positioniert haben, versuchen Sie, sich zu entspannen und an den Raum zu gewöhnen.

Nach einigen Minuten werden Sie vielleicht eine EVP-Sitzung beginnen wollen. Auch hierzu finden Sie in dem entsprechenden Kapitel einige Techniken, aber denken Sie daran, wenn Sie eine solche Sitzung durchführen wollen, müssen Sie sicherstellen, dass Sie Ihren Partner darüber informieren. So kann er sich an den Aufzeichnungen beteiligen, was die Wahrscheinlichkeit erhöht, dass Sie eine Stimme auffangen, aber auch, dass er informiert wird, was Sie tun, um eine mögliche Kontamination durch Geräusche und Gespräche zu vermeiden.

Wenn Sie mit der Aufnahme beginnen, denken Sie daran, die Zeit und die genaue Raumbezeichnung für Ihren Bericht zu nennen. Stellen Sie Ihre Fragen möglichst zeitnah und sachdienlich. Versuchen Sie, die Aufnahmezeit auf ein überschaubares Maß zu beschränken. Befinden Sie sich im beispielsweise im Kinderzimmer eines kleinen Mädchens, können Sie auch einige Fragen über das kleine Mädchen stellen oder ob der dortige Geist ein Elternteil war. Sie werden schnell eine für Sie geeignete Methode entwickeln; lassen Sie einfach die Gefühle und Emotionen des betreffenden Raumes auf sich wirken.

Nach ein paar Minuten werden Sie vielleicht eine andere Art der Kontaktaufnahme versuchen wollen. Das ist in vollkommen in Ordnung, wenn Sie etwas Kontrolle darüber haben. Das bedeutet eigentlich, dass Sie nicht nach etwas mit einem unklaren Ausgang fragen sollten. Die schlechteste Frage ist: „Kannst du mir ein Zeichen für deine Anwesenheit geben?" Dies ist für die Auslegung durch das, was auch immer bei Ihnen ist, völlig freigestellt, und wenn diese beschließen, dass das Zeichen ein Wasserkrug sein wird, der über Ihrem Kopf ausgekippt wird, ist das ein großartiger Beweis, aber nicht unbedingt das, was Sie wollten.

Stattdessen sollten Sie darum bitten, ein von Ihnen erzeugtes Klopfgeräusch zu replizieren oder die Zimmertür nur während Ihrer Anwesenheit sanft zu öffnen. Sie müssen dies deutlich zum Ausdruck bringen, tun Sie diese Dinge nur, wenn Sie anwesend sind. Sie wollen sicherlich nicht, dass ein Klient Sie um 5 Uhr morgens anruft und sagt, dass die Geister jetzt die Schlafzimmertür öffnen und schließen und sie alle dadurch verängstigen. Stellen Sie klar, dass alles, worum Sie bitten, nur geschieht, wenn Sie zugegen sind. Sicherlich haben Sie sich Notizen über alles gemacht, was Sie gefragt haben, unabhängig davon, ob Sie eine Antwort erhalten haben oder nicht. Nun wenden Sie das, was wir hier besprochen haben, von Raum zu Raum an, wobei Sie sich immer Notizen machen sollten, sobald Sie den Standort gewechselt und die Untersuchung abgeschlossen haben.

Informieren Sie Ihren Partner, wenn Sie sich während der Untersuchung ängstigen oder erschrecken, und verlassen Sie den Bereich in aller Ruhe. Wenn erforderlich, verlassen Sie den Ort vollständig und informieren Sie den TL, was passiert ist. Laufen Sie keinesfalls hinaus und gehen Sie niemals einfach weg, ohne ein anderes Teammitglied zu informieren.

KAPITEL 11

Kundenbeziehungen

- Der erste Kontakt
- Notfälle und unverzügliche Hilfe
- Der nächste Schritt
- Ansprechpartner / Nachbetreuung
- Öffentlichkeitsarbeit

11

Kundenbeziehungen

Ich kann Ihnen nicht sagen, wie oft ich am Ende einer Untersuchung vom Kunden gefragt wurde: „Was haben Sie gefunden?" Dieses Problem kann auf zwei unterschiedliche Arten gelöst werden. Die erste Antwort sollte immer sein, dass man es nicht weiß, eben weil man es noch nicht so wirklich weiß. Alles, worauf Sie sich berufen können, sind Ihre persönlichen Erfahrungen, und auf die können Sie Ihre Untersuchung nicht stützen. Sagen Sie ihnen also, dass Sie die Beweise erst überprüfen müssen. Wenn ein Kunde in Not ist und ein wenig Trost braucht, und wir definitiv Großmutter dort gesehen haben, werde ich sie das auch wissen lassen, um sie zu besänftigen. Das führt uns zum nächsten Abschnitt, zur Beziehung zu den Kunden.

Dies ist der Teil der Arbeit, der am wenigsten in der Öffentlichkeit wahrgenommen wird, obwohl er die treibende Kraft hinter den vielen Gruppen da draußen ist. Der Grund, warum wir tun, was wir tun, ist, den Menschen in ihrer misslichen Situation zu vermitteln, wie sie mit dem, was da passiert, umgehen können.

DER ERSTE KONTAKT

Üblicherweise kontaktiert ein Klient Sie entweder per E-Mail oder Telefon. In beiden Fällen ist also etwas vorgefallen, was die Person veranlasst hat, sich zu melden. Die Menschen scheuen den Umgang mit dem Paranormalen, es sei denn, sie sind in eine Forschungsgruppe involviert. Diese Menschen fühlen sich vielleicht albern und naiv, oder, wie ich schon oft gehört habe: „Sie werden mich für verrückt halten, aber...". An dieser Stelle muss Ihr Mitgefühl mit ihnen sofort einsetzen. Dieser Kunde hat sich an Sie gewandt, und Sie sollten ihm innerhalb einer angemessenen Frist antworten. Ich melde mich meist innerhalb von 24 Stunden nach dem ersten Kontakt bei einem Kunden zurück.

Ihre erste Reaktion darauf muss verständnisvoll sein und, falls nötig, den Kunden beruhigen. Wenn Sie einen Klienten haben, der schreit, dass jemand versucht, ihm Schaden zuzufügen, müssen Sie ihm zuhören und anfangen, Informationen darüber zu sammeln, was vor sich geht. In den meisten Fällen werden Sie feststellen, dass sich ein bestimmtes Schema entwickelt, und dies wird Ihnen bei der Arbeit mit ihnen helfen.

Was ich dabei festgestellt habe, ist, dass der Kunde die bisherigen Vorfälle nicht als etwas Paranormales wahrgenommen hat. Normalerweise versuche ich, mit ihnen zu reden, um herauszufinden, was geschehen ist und wann es damit begonnen hat. Es ist immer etwas „Gewaltiges“, das die Betroffenen bemerken. Im Verlauf unserer Gespräche aber beginnen sie, über „kleinere“, weniger beängstigende Geschehnisse zu berichten, und ich weise sie auch darauf hin. Sie beginnen zu erkennen, dass die betreffende Entität, die sich dort aufhält, schon seit einiger Zeit versucht hat, sie zu kontaktieren und diese Versuche langsam intensiviert hat, bis sie schließlich in diesem „gewaltigen“ Moment bemerkt wurde.

Ich vergleiche dies gern mit dem Verhalten eines Kindes, das versucht, Ihre ungeteilte Aufmerksamkeit zu bekommen. Sie beginnen mit einem leichten Ärmelzupfen und es endet mit einem lauten Gebrüll. Es wird so lange intensiviert, bis Sie es bemerkt haben. Ähnliche Erfahrungen wurden schon von herumirrenden Geistern berichtet; sie haben das, was sie taten, so lange verstärkt, bis sie die Aufmerksamkeit von jemandem erhielten.

Unterhalten Sie sich mit dem Kunden darüber, was er durchmacht, und hören Sie ihm aufmerksam zu. Bringen Sie nicht von Beginn an Ihre Erfahrungen oder Ansichten über diesen Fall ein. Es ist die eigentliche Zeit des Kunden, Ihnen zu sagen, was los ist, also hören Sie ihm aufmerksam zu. Der entscheidende Punkt ist, dass Sie sich nach dem ersten Kontakt darum kümmern, den Kunden zu beruhigen und ihm zu versichern, dass Sie während dieses gesamten Zeitraums für ihn da sein werden. Formulieren Sie noch einmal, was die Person Ihnen erzählt hat, um sicher zu sein, dass Sie deren Lage verstehen.

Außerdem sollten Sie dem Klienten klarmachen, dass er nicht verrückt ist, wenn es sich tatsächlich um ein paranormales Ereignis handelt. Wenn sie etwas anderes als ein paranormales Ereignis haben, müssen Sie ihnen erklären, dass Sie nicht glauben, dass es sich hierbei um ein solches Ereignis handelt und dass Sie ihnen somit nicht weiterhelfen können. Gewöhnlich versuche ich an diesem Punkt nicht, eine Problemlösung zu erarbeiten, aber jeder Fall ist anders. Sie müssen erkennen, wenn eine Person nur eine Frage stellt oder zusätzliche Unterstützung benötigt. Wenn sie Hilfe weiterhin benötigen, sende ich ihnen einen Fragebogen zu. In einem späteren Kapitel werden wir einen Fragebogen für mögliche

Klienten besprechen, der Ihnen auch bei Ihrem eigentlichen Versuch, diesem Klienten zu helfen, eine wertvolle Hilfe sein wird.

NOTFÄLLE UND UNVERZÜGLICHE HILFE

Es gibt immer wieder Fälle, die im Vordergrund stehen müssen. Für gewöhnlich sind dies die Fälle, die Kinder oder unmenschliche Aktionen beinhalten. Wenn ein Kind involviert ist, plane ich, wenn möglich, einen sofortigen Besuch ein. Dies kann eine schwierige Situation sein, also gehen Sie behutsam vor. Sie müssen erörtern, was mit dem Kind los ist, und darauf achten, dass es immer mit einem Elternteil im Raum ist. In diesem Gespräch ist es wichtig, dem Kind aufmerksam zuzuhören, aber auch darauf zu achten, ob der jeweilige Elternteil die Antworten an das Kind vorgibt. So etwas kommt sehr häufig vor, daher müssen Sie die Sachverhalte sehr sorgfältig von jeder Geschichte zu unterscheiden wissen. Dies ist ein Bereich unserer Arbeit, in dem jemand mit Erfahrung in klinischer Psychologie von unschätzbarem Wert ist.

DER NÄCHSTE SCHRITT

Nachdem Sie festgestellt haben, dass eine Untersuchung erforderlich ist, kann es sein, dass der Kunde jemanden für die Dauer der Untersuchung an seiner Seite benötigt. Diese Person sollte sich mit dem Arbeitsablauf Ihres Teams gut auskennen und auch in der Lage sein, den Kunden während der Untersuchung zu besänftigen. Dies geschieht häufiger, als Sie sich vielleicht vorstellen können. Denken Sie also daran, Ihr Team um eine Person zu erweitern, um dies zu ermöglichen. Unterhalten Sie sich vor Ort niemals mit einem Kunden über den aktuellen Fall, es sei denn, es ist absolut notwendig. Sie müssen unbedingt erst die Ergebnisse auswerten, um alle Fragen des Kunden einwandfrei beantworten zu können.

Vor dem Verlassen der Wohnung oder des Hauses des Kunden sollte jemand, der mit dem Fall zu tun hat, dem Kunden als „ Nachbetreuer“ zugewiesen werden. Dies ist ein Ansprechpartner ihres Teams, den der Klient bereits persönlich kennengelernt hat und mit dem er sich identifizieren kann. Falls der Auftraggeber jemanden gebeten hat, ihn während der Untersuchung zu unterstützen, dann sollte man diese Person bitten, die Nachbereitung des Falles zu übernehmen.

An dieser Stelle müssen Sie dem Kunden auch den Zeitrahmen nennen, in dem Sie die Begutachtung durchführen werden und wann er damit rechnen kann, von Ihnen eine endgültige Antwort mit den Ergebnissen zu erhalten. Nach der Untersuchung ist es wichtig, mit dem Kunden in Kontakt zu bleiben. Viele Teams führen eine Untersuchung durch und melden sich nie wieder bei einem Klienten. Halten Sie ihn unbedingt auf dem Laufenden, was in seiner Angelegenheit passiert.

ANSPRECHPARTNER / NACHBETREUUNG

Die meisten Ihrer Kunden werden Sie in der Regel entweder per E-Mail oder per Telefonanruf kontaktieren. Sobald dieser die Kontaktaufnahme mit einem Kunden erfolgt ist, werden die Informationen an den Fallmanager weitergeleitet. Der Fallmanager sollte den Kontakt innerhalb von 24-48 Stunden ab dem Datum, an dem der Kunde Sie ursprünglich kontaktiert hat, anrufen. Dies geschieht, damit diese sich dem Kunden kurz vorstellen können und ihm mitteilen, dass sie im Vorfeld der Ermittlung alle auftretenden Fragen beantworten werden.

Dieser Fallmanager wird den Klienten durch den gesamten Prozess ausgehend vom Fragenkatalog, der Voruntersuchung, der Untersuchung bis hin zum Abschlussbericht begleiten. In Zusammenarbeit mit den jeweiligen Teamleitern und dem Kunden legt der zuständige Fallmanager einen vorläufigen Untersuchungstermin fest. Dieser Termin sollte so gewählt werden, dass er allen Beteiligten passt. Außerdem können sich der Klient und der Fallmanager so persönlich treffen, was dazu beitragen wird, ein Vertrauen zwischen dem Fallmanager und dem Kunden aufzubauen. Die wichtigsten Zeitpunkte bei der Kontaktaufnahme zwischen dem Fallmanager und dem Kunden sind:

- Unmittelbar nach dem Erstkontakt.

- 1-2 Tage nach der Untersuchung (hier sollte der Fallmanager den Klienten anrufen und fragen, ob es eine Zu- oder abnahme der Aktivitäten gab).

Zu beiden Zeitpunkten ist es unter Umständen nötig, den Kunden zu beruhigen und zu besänftigen und ihm mitzuteilen, dass sich sein Fall in der Überprüfung der Hinweise befindet.

Lassen Sie den Kunden wissen, dass Sie in einer weiteren Woche anrufen werden, um nach seinem Befinden zu fragen. Wenn der Kunde in der Zwischenzeit Fragen oder Bedenken hat, soll er sich an Sie wenden.

- Die Nachverfolgung der Untersuchung sollte wöchentlich erfolgen, bis dem Kunden der endgültige Bericht vorliegt.
- Wenn Sie der Klient um eine zweite Untersuchung bittet, sollte der Fallmanager diese Untersuchung einplanen.
- Wenn eine zweite Untersuchung erforderlich ist, sollte die Nachbereitung weiterhin auf zweiwöchentlicher Basis fortgesetzt werden, um den Status des Kunden zu überprüfen.
- Der Fallmanager sollte das Datum und die Uhrzeit vor dem Untersuchungstermin noch einmal bestätigen.

Nach der zweiten Untersuchung sollte derselbe Prozess wiederholt werden. Wenn keine zusätzlichen Untersuchungen angesetzt werden müssen und es abermals Aktivität im Haus zu verzeichnen waren, sollten weiterhin regelmäßige Telefonate mit dem Klienten geführt werden, um die Kommunikation offen zu halten und zu sehen, ob es eventuell zu einem späteren Zeitpunkt weitere Aktivitäten gibt.

Wenn keine Aktivitäten in der Wohnung festgestellt werden und der Kunde den Bericht erhält, sollte der Fallmanager telefonisch nachfragen, um sicherzustellen, dass der Kunde alles verstanden hat. Wenn der Fallmanager es für notwendig hält, danach einen weiteren Anruf zu tätigen, um sich nach dem Klienten zu erkundigen, sollte er dies tun.

ÖFFENTLICHKEITSARBEIT

Öffentlichkeitsarbeit, im Neudeutschen Public Relations (PR) genannt, ist das Management des Informationsflusses zwischen einer Organisation und der breiten Öffentlichkeit. Die Öffentlichkeitsarbeit verschafft einer Organisation oder einer Einzelperson die Möglichkeit, mit Themen von öffentlichem Interesse und Nachrichten, die keine direkte Bezahlung erfordern, an ihr Publikum heranzutreten. Öffentlichkeitsarbeit kann genutzt werden, um Beziehungen zu Kunden, Bibliotheken oder der allgemeinen Öffentlichkeit aufzubauen. Fast jede Organisation, die ein Interesse daran hat, wie sie in der Öffentlichkeit dargestellt wird, betreibt in irgendeiner Form Öffentlichkeitsarbeit.

Eine Person der Öffentlichkeitsarbeit ist im Grunde genommen ein Image-Gestalter. Ihre Aufgabe ist es, positive Publicity für Ihre Gruppe zu erzeugen und Ihren Ruf in der Öffentlichkeit zu verbessern. Die Person für Öffentlichkeitsarbeit muss ein guter Kommunikator in Printmedien, im persönlichen Gespräch und am Telefon sein.

Sie muss in der Lage sein, Kontakte zu Journalisten zu pflegen und aufrechtzuerhalten, Sprechtermine zu vereinbaren, auf Anfragen zu reagieren und direkt mit der Presse im Namen Ihrer Gruppe zu sprechen. Sie müssen die Kommunikationslinien offenhalten.

In dieser Position werden von ihr einige Kenntnisse verlangt:

- Die Entstehungsgeschichte und die Erfahrungswerte Ihrer Gruppe.
- Die Grundsätze und die Vorgehensweise Ihres Teams bei Untersuchungen
- Die von Ihrem Team verwendete Ausrüstung
- Der ungefähre Zeitrahmen, in dem ein Klient eine Antwort oder Berichte erwarten kann, wenn Sie solche Untersuchungen durchführen werden.

KAPITEL 12

Dokumentation

- Allgemeine Tipps und Hinweise
- Eindrücke und Impressionen
- Schlussfolgerung
- Der Masterbericht

12

Dokumentation

Die Art und Weise, wie Nachweise dokumentiert werden, variiert von Team zu Team und kann aus einem eigenen Datenbank-System bestehen oder in einem einfachen Word-Dokument erfolgen.

Wichtig ist, dass Sie hier angeben, wie Sie gearbeitet haben und was Ihre Schlussfolgerung für den Kunden ist. Dies ist Ihr Produkt für Ihren Kunden. So werden Sie vom Klienten und möglicherweise in der paranormalen Gemeinschaft gesehen. Sie sollten also in dieser Phase so klar und konsequent wie nur möglich sein. Professionalität ist hier das Ziel, je organisierter und strukturierter Sie auf einen Kunden wirken, desto besser wird er sich mit Ihrer Beteiligung fühlen. Bieten Sie ihnen Ihre Meinung zu dem Fall an und schlagen Sie ihnen mögliche Lösungen vor. Ihnen einfach zu sagen, dass irgendetwas aktiv ist, und sie dann alleine damit zu lassen, ist nicht gerade sehr professionell.

Es ist ebenfalls von Wichtigkeit, dass jeder beteiligte Ermittler einen Bericht erstellt, in dem er erklärt, was er getan hat und zu welchem Zeitpunkt dies geschehen ist. Diskutieren Sie niemals darüber, was ein anderer Ermittler unternommen oder gesagt hat, es sei denn, Sie haben Beweise, die dies unterstützen. Ich habe im Laufe der Jahre viele Berichte gesehen und ich glaube an eine genaue zeitliche Abfolge der Berichterstattung durch jeden Ermittler. Eines der wichtigsten Werkzeuge, die jeder Ermittler mit sich führen sollte, ist ein Stift und ein Notizbuch oder ein Diktiergerät. Wann immer Sie etwas tun, schreiben Sie es mit einem Zeitvermerk auf oder nehmen Sie es auf. Dies ist der grundlegende Anfang Ihrer Zeitleiste. Ein Bericht sollte immer Folgendes enthalten:

- Name des Ermittlers
- Ort der Untersuchung
- Name und Adresse des Kunden
- Datum der Untersuchung
- Zeit der Untersuchung von Anfang bis Ende
- Verwendete Geräte nach Typ/Name
- Sprachaufzeichnungsgeräte nach Hersteller auflisten, z. B. Sony
- Wurden Datenerfassungsgeräte verwendet?
- Wurden Bewegungsmelder eingesetzt?

- Was wurde gemessen?
- Eindrücke? Siehe unten für weitere Beschreibung.
- Eine Schlussfolgerung

Die meisten Punkte sind wohl selbsterklärend, also lassen Sie uns einen Schritt weitergehen und uns mit dem Inhalt eines Berichts in nahezu allen Einzelheiten weitermachen.

Was wurde unternommen? Dies ist das Kernstück eines Berichts, es ist sehr wichtig, dem Kunden zu erklären, was aus seiner Sicht getan wurde. Wie ich schon sagte, bevorzuge ich persönlich eine genaue Zeitleiste, um zu dokumentieren, was getan wurde:

Wann - Die Uhrzeit, z. B. 21:30 Uhr.
Wo - in welchem Raum waren Sie? Esszimmer.
Welche Geräte - Welche Geräte haben Sie benutzt?
Was haben Sie getan? Die Aktion des Ermittlers

Zusammengenommen würde das etwa so aussehen:

21:30 Uhr - Wir zogen in den Speisesaal um und ich benutzte mein digitales Diktiergerät, um eine EVP aufzunehmen. Ich zeichnete die folgende EVP auf, welche „Hallo allerseits" sagt. Beweisstück ms1mpd2130.wav.

Diese Zeitleiste enthält das **Wann** - 21:30 Uhr, dass **Wo** - Esszimmer, das **Welche** - digitales Diktiergerät, gefolgt von dem **Was** - der Versuch, eine EVP aufzunehmen.

Sie sollten Ihr digitales Diktiergerät, Ihre Kameras und Uhren vor Beginn einer Untersuchung immer synchronisieren. Auf diese Weise sind alle Teammitglieder untereinander abgestimmt. Sie müssen sicher sein, dass Sie alles innerhalb Ihrer Zeitlinie auflisten. Wenn Sie im zweiten Stock niesen, kann das für ein Team im ersten Stock wie ein anormales Ereignis klingen, also notieren Sie es. Wenn der Teamleiter alles überprüft, wird er feststellen müssen, dass das eine das andere aufhebt. Vergessen Sie nicht, den Zeitpunkt Ihres Raumwechsels aufzulisten, denn Ihr Gehen könnte wie eine Antwort klingen, nach der ein anderes Teammitglied irgendwo anders im Haus oder Gebäude gefragt hat.

Listen Sie immer auf, welche Geräte wo platziert wurden und welchen Bereich sie abgedeckt haben. Dies hilft Ihnen bei Ihren Aufzeichnungen und hilft Ihnen festzustellen, welche Geräte Ihnen die besten Ergebnisse liefern oder welche Geräte ausgetauscht werden sollten.

Wenn Sie eine Untersuchung durchführen, werden Sie wahrscheinlich viele verschiedene Geräte verwenden. Zum Beispiel können Sie einen Raum mit 2 E.L.F.-Zone-EMF-Detektoren, 1 Cellsensor-EMF-Detektor, 2 KII-EMF-Detektoren betreten usw., ganz zu schweigen von Ihrem Diktiergerät und Ihrer Digitalkamera. Nun, wenn Sie einen positiven Messwert auf einem EMF-Detektor anzeigen, welcher war es und welchen Bereich hat er abgedeckt? Ohne die Auflistung aller relevanten Informationen verlieren Sie ein wertvolles Werkzeug für Ihre Forschung. Ein Beispiel hierfür ist die vorherige Liste. Sobald das Gerät platziert ist, würde ich eine neue Zeitleiste beginnen und sie wie folgt notieren:

21:03 Uhr - Ich platzierte einen E.L.F. Zone EMF Detektor auf dem mittleren Couchtisch, der den Bereich vor dem vorderen Fenster abdeckt. Den zweiten E.L.F. Zone EMF Detektor legte ich auf das gegenüberliegende Ende des Couchtisches, der den Eingang zum Esszimmer abdeckt. Den Cellsensor-EMF-Detektor positionierte ich auf dem Tisch neben der Eingangshalle, der den Eingang zum Wohnzimmer abdeckt. Einen KII EMF-Detektor platzierte ich auf dem Kaminsims, der die Mitte des Raumes abdeckt. Den letzten KII EMF-Detektor positionierte ich auf dem Sofa, neben dem ich saß.

Es sind zwar viele Informationen in diesem Zeitleisteneintrag, aber er umfasst im Grunde genommen alles, was Sie in diesen Raum transportiert und dort platziert haben.

Warum sollten Sie das tun? Eine einfache Erklärung besteht darin, dass der Raum komplett abgedeckt wird; der Rest dieser Erklärung beruht darauf, dass Sie sehen können, ob es eine Bewegung durch den Raum gab und wo sie ihren Anfang und ihr Ende hatte. Es ist aber auch in anderer Hinsicht von Vorteil. Wenn das Team auf der Etage direkt über oder unter ihnen ist und sie beginnen, etwas zu erfassen oder um eine Reaktion von die Entität zu bitten, könnten Sie diese Reaktion eventuell in Ihren Messgeräten wahrnehmen.

Wenn Sie diese Technik nicht verwenden, könnten Sie übersehen, dass das Team über Ihnen um etwas bittet und Sie das Ergebnis davon aufzeichnen würden. Aufgrund der Zeitachse können Sie dieses anomale Ereignis richtig einordnen.

Was sollten Sie bei der Aufzeichnung **nicht** beachten? Nun, das ist eine etwas schwierige Frage, denn man möchte ja alles aufnehmen. Ein Beispiel dafür, was ich typischerweise nicht aufzeichne, wären „Zufallsfotos". Wann immer ich einen Raum betrete, mache ich mehrere Fotos in diesem Raum, bevor ich überhaupt mit meiner Untersuchung beginne. Auch während einer Ermittlung würde ich nur zufällig hier oder dort ein Foto aufnehmen. Wenn ich auf einem dieser zufälligen Fotos eine Anomalie entdecke, ist es immer noch einfach genug, sich die Fotodaten anzusehen, um eine Zeitangabe zu erhalten, die ich dann in die Zeitleiste einfügen kann.

Wir haben also jetzt die Untersuchung beendet und müssen alle unsere Beweise überprüfen und durchsehen. Kennzeichnen wir die Beweise in irgendeiner Form? Mit einem Wort: unbedingt. Wenn wir die Beweise nicht richtig etikettieren, wie können wir sie dann mit irgendetwas in Verbindung bringen? Denken Sie daran, dass wir einem Kunden ein Produkt präsentieren und wir eindeutig und schlüssig sein müssen. Ich möchte Ihnen eine Methode zur Benennung bzw. Etikettierung der Beweismittel vorstellen, die ich von einem ehemaligen Team übernommen habe und von der ich denke, dass Sie wirklich zu empfehlen ist. Der Name der oben erwähnten EVP lautet *ms1mpd2130.wav.* In dieser Bezeichnung steckt eine Menge Information und er bindet den Beweis in den Bericht ein, indem er ihn auf diese Weise benennt. Lassen Sie es uns aufschlüsseln, um es für Sie zu erklären.

Der Name enthält die folgenden Informationen, die dieses spezielle Beweisstück immer mit dem richtigen Fall in Verbindung bringen, und zwar folgendermaßen: (Ortsname) **ms** - (Reisenummer) **1** - (Ermittler) **mpd** - (Zeit) **2130** .wav oder .jpg (Audio- oder Fotodatei) Sie können diese Methode natürlich auch für Videoclips verwenden. Wenn Sie sich den Namen des Beweismittels ansehen, wissen Sie sofort, um welchen Fall es sich handelt und welche Person das Beweismittel aufgenommen hat. Dies lässt sich auch gut in Ihre Zeitachse einbinden, so dass Sie leicht nachschlagen können.

Hier sehen Sie ein Beispiel für einen individuellen Untersuchungsbericht. Achten Sie auf den Wortlaut und wie alles erklärt wird.

Name:
Datum der Untersuchung:
Ort:
Zeit:
Verwendete Ausrüstung: *(führen Sie hier Ihre persönliche Ausrüstung auf)*
Physische Beweise:

Mit dem Vorhandensein von verschiedenen Kameras und unterschiedlichsten Messgeräten lassen wir jeden Ermittler in einem Protokoll die nachfolgenden Angaben machen. Damit können wir nachvollziehen, welche Geräte die erfolgversprechendsten Beweisstücke liefern:

Fotos:
Anzahl der digitalen Fotos insgesamt: 52
Anzahl der positiven* Digitalfotos insgesamt: 2
Anzahl der IR-Digitalfotos insgesamt: 25
Anzahl der positiven IR-Digitalfotos insgesamt: 1
Anzahl der Vollspektrum-Digitalfotos insgesamt: 20
Anzahl der positiven Vollspektrum-Digitalfotos insgesamt: 1
Standorte aller positiven Fotos: z.B. Wohnzimmer (2) - ms1mpd2130.jpeg, ms1mpd2131pm.jpeg, Schlafzimmer Nr.1 (2) - ms1mpd2230.jpeg, ms1mpd2245.jpeg
**Anmerkung: Positiv = verwertbare Beweismittel*

Audio: *(geben Sie dies für jedes verwendete Aufnahmegerät an.)*
Gesamtlänge der Audioaufnahme: 1 Stunde
Positive EVPs insgesamt: 0
Orte der positiven EVPs: Wohnzimmer (1) - ms1mpd2137.wav. Schlafzimmer Nr.1 (1) - ms1mpd2135.wav

Videokamera (Camcorder):
Gesamtlänge der Videoaufnahme: 1
Positive Videoclips insgesamt: 1
Orte der positiven Videoclips: Wohnzimmer (1) - ms1mpd2137.avi, Schlafzimmer Nr.1 (1) - ms1mpd2137.avi
Positive Video-EVP* insgesamt:

Orte der positiven Video-EVPs*:

*(*Möglicherweise erhalten Sie auch eine EVP von Ihren Videokameras und listen diese dann hier auf.)*

Digitale Videoaufzeichnung (DVR):
Anzahl der verwendeten Kameras: 4
Gesamtlänge der Videoaufzeichnung: 12 Stunden (Summe aller DVR-Kameras)
Insgesamt positive Videoclips: 0
Standorte der positiven Videoclips: 0

Positive anomale EMF-Messwerte pro verwendetem Messgerät:
Trifield Natural EMF-Detektor: 0
Cellensor EMF-Detektor: 1
KII EMF-Detektor: 0
Osun EMF-Detektor: 0
E.L.F . Zone EMF-Detektor: 0
Digitaler EMF-Melder: 0
Mel 8704 EMF-Detektor: 0

Positive anomale Temperaturänderungen pro Gerät:
Berührungsloses IR-Thermometer: 0
Ort der IR-Thermometer-Temperaturschwankung/mit Bereich: Wohnzimmer -12,2 Grad C Abfall.
Mel 8704 Thermometer: 0
Mel 8704 Thermometer Temperaturschwankung/-Messbereich: Wohnzimmer -12 Grad C Abfall.
Anmerkung: Notieren Sie auch den Zeitpunkt der Temperaturänderung.

Positive Bewegungssensor-Messwerte:

Bevor wir jetzt fortfahren, sollten wir wissen, wie man Ereignisse in einem Bericht formuliert. Normalerweise wird Ihr Kunde nicht verstehen, was Sie tun, was passiert ist oder was Sie in einem Bericht sagen, also seien Sie konsequent und erklären Sie etwas von dem, was passiert ist. Hier ist ein Beispiel dafür, was man nicht sagen sollte:

21:00 Uhr - Das KII-Meter hat die Farbe gewechselt.

Was kann das bedeuten? War es Weihnachten und das Gerät wurde saisonal? Sie müssen das Ganze also etwas genauer erklären und es ist wirklich einfach. So sollte es lauten:

21:00 Uhr - Das auf dem Esszimmertisch platzierte KII-Meter zeigte eine Fluktuation im nahen elektromagnetischen Feld an.

Das erklärt genau, was tatsächlich passiert ist. Lassen sie uns weitermachen:

Zeitleiste

20:30 Uhr - Wir kamen am Untersuchungsort an und positionierten unsere Geräte im Bereich des Esszimmers. Dieser Bereich dient als Basis für die Nacht.

20:45 Uhr - Das gesamte Team führte einen vorläufigen Rundgang durch, um sich mit dem Ort vertraut zu machen und die Raumkennzeichnungen festzulegen. Während des Rundgangs wurden die folgenden Basismesswerte aufgezeichnet:

Erdgeschoss Flur: 22,7 Grad, 0,2 Milligauss (mG)

Erdgeschoss Räume:

Küche - 23,8 Grad, 0,2 mG
Esszimmer - 23,8 Grad, 0.1 mG
Wohnzimmer - 23,8 Grad, 0,1 mG
Familienzimmer - 23,8 Grad, 0,2 mG

Zweiter Stock:

Schlafzimmer Nr.1 - 24 Grad, 0,1 mG
Schlafzimmer Nr. 2 - 24 Grad, 0,1 mG
Schlafzimmer Nr. 3 - 24 Grad, 0,1 mG
Schlafzimmer Nr. 4 - 23 Grad, 0,1 mG
Badezimmer - 24 Grad, 0,1 mG
Flur - 22 Grad, 0,1 mG

(Durch die Auflistung dieser Messwerte in einem Einzelbericht haben Sie nun die Basiswerte des gesamten Standorts für Temperatur und EMF erfasst und erhalten somit Referenzwerte für weitere Messungen.)

21:00 Uhr - Wir beginnen mit den Ermittlungen und ich bin mit Ermittler Schmidt zusammen. Wir begeben uns zunächst in den ersten Stock und wir positionieren uns im Wohnzimmer.

21:03 Uhr - Ich platziere einen E.L.F. Zone EMF Detektor auf dem mittleren Couchtisch, der den Bereich vor dem vorderen Fenster abdeckt. Den zweiten E.L.F.-Zonen-EMF-Detektor platzierte ich auf dem gegenüberliegenden Ende des Couchtisches, der den Eingang zum Esszimmer abdeckt. Den Cellsensor-EMF-Detektor legte ich auf den Tisch neben der Eingangshalle, um den Eingang zum Wohnzimmer abzudecken. Ich positionierte einen KII EMF-Detektor auf dem Kamin in der Mitte des Raumes. Den letzten KII EMF-Detektor platzierte ich auf dem Sofa, neben dem ich selbst saß.

21:07 Uhr - Ich verwende mein digitales Diktiergerät und versuche, eine EVP aufzunehmen.

21:15 Uhr - Der Name einer Tante namens Thea ist mir plötzlich in den Sinn gekommen. Ich habe keine Tante mit diesem Namen, aber vielleicht hat das einen Bezug zu den Hausbesitzern.

21:20 Uhr - Ermittler Schmidt beginnt eine EVP-Aufnahme, also benutze ich mein digitales Sprachaufzeichnungsgerät und nehme zusammen mit ihm auf, um zu versuchen, eine EVP festzuhalten, während er die Fragen stellt.

21:27 Uhr - Ermittler Schmidt hat angedeutet, dass er eine kalte Stelle spürt. Ich verwende das berührungslose IR-Thermometer, um zu sehen, ob es eine signifikante Temperaturveränderung gibt. Dies ist nicht der Fall. Um dies noch einmal zu überprüfen, verwende ich das Mel 8704 Messgerät mit der Umgebungssonde und auch dieses zeigt keine Temperaturveränderung an. Ich nehme außerdem mehrere Fotos auf, von denen keines irgendwelche Anomalien aufweist.

21:30 Uhr - Ermittler Schmidt hat angedeutet, dass die kalte Stelle wieder aufgetreten ist. Ich verwende das berührungslose IR-Thermometer, um zu sehen, ob es eine signifikante Temperaturänderung zu verzeichnen gibt. Dies ist nicht der Fall. Um dies zu überprüfen, verwende ich das Messgerät Mel 8704 mit der Umgebungssonde und es zeigt keine Temperaturänderung an. Ich mache wieder mehrere Fotos und erhalte ein positives Foto einer Erscheinung an der rechten Seite von Ermittler Schmidts - ms1mpd2130.jpeg.

21:32 Uhr - Ich nutze mein digitales Diktiergerät und versuche, ein EVP aufzunehmen.

21:37 Uhr - Ich nehme mit meinem digitalen Diktiergerät ein EVP auf und höre folgendes: ms1mpd2130.wav als Antwort auf die Frage - „Ist das Ihr Haus?" Es handelt sich um die klare Stimme einer Frau, die mit „Ja" antwortet.

21:38 Uhr - Der EMF-Detektor des Cellsensors, der auf dem Tisch neben der Eingangshalle positioniert ist und den Eingang ins Wohnzimmer abdeckt, hat eine Fluktuation im nahen elektromagnetischen Feld angezeigt.

21:51 Uhr - Ich versuche, mit meinem digitalen Diktiergerät ein EVP aufzuzeichnen. Ich frage die Entität auch, ob es eines der KII-Messgeräte einen positiven Messwert anzeigen lassen kann. Wir erklären, dass eine Entität in der Lage sein könnte, mit der Hand vor einem der Messgeräte zu winken, um uns zu zeigen, dass sie da ist. Es gab keine Reaktion auf diese Anfrage.

21:53 Uhr - Ich simuliere ein klopfendes Geräusch auf dem Kaffeetisch und bitte gleichzeitig darum, dass jeder anwesende Geist reagiert, indem er das Geräusch nachahmt. Es gab keine Reaktion darauf.

22:00 Uhr - Wir verlegen den Standort in den zweiten Stock.

22:01 Uhr - Ich positioniere den Zellsensor-EMF-Detektor im Flur. Dieses Gerät hat einen akustischen Alarm und wir werden ihn von jedem Raum aus hören können. Ich platziere ebenfalls einen Bewegungsmelder am oberen Ende des Treppenhauses.

22:02 Uhr - Wir beziehen im Schlafzimmer Nr. 4 Stellung.
(Hier werden weitere Zeitangaben aufgezeichnet.)

22:15 Uhr - Wir verlagerten unseren Standort in Schlafzimmer Nr. 3
(Weitere Zeitlinienreferenzen werden hier aufgezeichnet.)

22:30 Uhr - Wir sind in Schlafzimmer Nr. 2 umgezogen.
(Weitere Zeitleistenreferenzen werden hier aufgezeichnet.)

22:45 Uhr - Wir verlegen den Standort in das Schlafzimmer Nr. 1
(Weitere Zeitangaben werden hier aufgezeichnet).

23:00 Uhr - Wir legten eine Pause ein.

23:45 Uhr - Wir nehmen die Untersuchung wieder auf und befinden uns jetzt im Keller.
(Weitere Zeitangaben werden hier aufgezeichnet.)

00:00 Uhr - Ende der Untersuchung.

EINDRÜCKE UND IMPRESSIONEN

Dies ist etwas, was manche Ermittler nicht verwerten wollen. Seit Jahren betreibe ich meine eigene Version einer wissenschaftlichen Untersuchung, trotzdem habe ich immer diese Eindrücke notiert. Der Ermittler selbst ist das wertvollste Werkzeug, das Sie haben. Ihre Instinkte spielen eine große Rolle dabei, was Sie fühlen und wie Sie auf das reagieren, was um Sie herum geschieht.

Das sind nicht unbedingt „übersinnliche" Eindrücke, aber wie haben Sie sich gefühlt, als Sie den Keller betreten haben? Wenn sich Ihnen die Haare im Nacken aufstellten, wurde Ihnen etwas eingeprägt und das ist ein Minimum dessen, was Sie hier auflisten könnten. Das Gegenteil ist auch der Fall.

Wenn Sie keine Eindrücke hatten, dann geben Sie das an: *„Ich hatte keine besonderen Eindrücke und Empfindungen während dieser Untersuchung."*

SCHLUSSFOLGERUNG

Hier sollte die Person, die den Bericht schreibt, erklären, ob sie der Meinung ist, dass es an dem Ort spukt oder nicht. Um dies richtig zu tun, darf er sich nur auf die „physischen" Beweise stützen, die er persönlich erhalten hat. Wenn sie keinerlei Beweise in Form von Fotos oder EVPs oder andere relevante Beweise wie EMF-Spitzen oder Temperaturänderungen erhalten haben, dann muss ihre Antwort hier lauten: *„Basierend auf dem Mangel an Beweisen kann ich keine schlüssige Aussage über einen Spuk abgeben."*

Das wäre dann das Ende eines Einzelberichts für den Klienten. Darin sind viele Informationen angegeben, und je genauer diese Informationen sind, desto besser können Sie Ihre Untersuchung dokumentieren und im Auge behalten.

DER MASTERBERICHT

Bei der „offiziellen" Gruppenberichterstattung sollte es einen Master-Bericht geben, der aus einer vollständigen Auflistung der aufgenommenen Fotos, Aufnahmezeiten usw. besteht. Hier können Sie auch auf Besonderheiten hinweisen, die Ihnen bei Ihrer Erfahrung im Einsatz aufgefallen sind. Ein Beispiel dafür wäre:

„Es wurden insgesamt 12 Stunden bzw. 720 Minuten Audioaufnahmen angefertigt und wir erhielten 6 EVPs. Mit unserer Erfahrung an bekannten Spukorten, bei denen wir 2 Stunden Audio aufgenommen haben und typischerweise 1 EVP aufzeichnen, stimmen wir hier mit diesem Durchschnittswert für einen bekannten Spukort überein."

Nachfolgend finden Sie eine Vorlage für einen formellen Bericht, die ich in den letzten Jahren verwendet habe. Am Ende des Buches finden Sie diese sowie andere Formularvorlagen des Abschlussberichts sowie weitere Dokumentationsvorlagen für Ermittler und Teamleiter, die etwas „abgespeckter" sind.

Diesen Masterbericht, der auch für den Kunden verwendet werden sollte, finden Sie nochmals als Vorlage in Kapitel 14.

Untersuchungsbericht-Fall Nr. * -Privathaus- Kirchdorf an der Krems

Wir möchten uns dafür bedanken, dass Sie uns erlaubt haben, in Ihrem Haus eine Untersuchung der mutmaßlichen paranormalen Ereignisse durchzuführen, von denen berichtet wurde. Anbei finden Sie die individuellen Berichte von jedem der Ermittler, die diese Untersuchung durchgeführt haben. Die Ergebnisse sind unsere Interpretation der physischen Beweise und anderer Eindrücke, die während der Untersuchung gewonnen wurden.

Datum der Untersuchung:
Zeit: 21:00 Uhr bis 00:00 Uhr
Ort der Untersuchung:

Wetterinformationen: (Die Werte können Sie der Seite www.weather.com entnehmen und leicht an Ihre Berichte anpassen.)

Temperatur

Minimale Temperatur: 15.6 °C
Minimale Temperatur, die während des Tages gemeldet wurde.
Mittlere Temperatur: 23.7 °C
Mittlere Temperatur für den Tag..
Maximale Temperatur: 30,6.1 °C
Maximale Temperatur, die während des Tages gemeldet wurde.

Luftdruck und Taupunkt

Luftdruck auf Meereshöhe (QNH): 1015,2 hPa
Luftdruck auf Meereshöhe für den Tag.
Mittlerer Taupunkt: 12 °C
Mittlerer Taupunkt für den Tag.

Niederschlag:

Gesamtniederschlag: 0.00
Gemeldeter Regen und/oder geschmolzener Schnee für den Tag in %
Sichtweite: 16,1 km
Mittlere Sichtweite für den Tag.
Schneehöhe

Windgeschwindigkeit und Böen

Mittlere Windgeschwindigkeit: 5 km/h
Mittlere Windgeschwindigkeit für den Tag.
Maximal anhaltend: 5.4 km/h
Maximal gemeldete anhaltende Windgeschwindigkeit.
Maximale Böe: Keine Daten.
Maximale Windböe, die für den Tag gemeldet wurde.

Ermittler am Untersuchungsort: Johannes Schmidt, Michaela Dorninger, Erich Breidtbauer und Gerd Schloseker

Verwendete Ausrüstung:
(Hier listen Sie alle verwendeten Ausrüstungsgegenstände auf - diese Informationen finden Sie in den Einzelberichten, auf die Sie sich beziehen können.)

Physische Beweise:

Fotos:
Anzahl der digitalen Fotos insgesamt: 52
Anzahl der positiven digitalen Fotos insgesamt: 2
Anzahl der IR-Digitalfotos insgesamt: 25
Anzahl der positiven IR-Digitalfotos insgesamt: 1
Anzahl der Vollspektrum-Digitalfotos insgesamt: 20
Anzahl der positiven Vollspektrum-Digitalfotos insgesamt: 1

Audio:
Gesamtlänge der Audioaufnahme: 1 Stunde
Anzahl positiver EVPS: 0

Videokamera (Camcorder):
Gesamtdauer der Videoaufnahme: 1 Stunde
Positive Videoclips insgesamt: 0
Gesamte positive Video-EVP: 0
Gesamtlänge der Audioaufnahme vom Video: 1 Stunde (dies muss mit der Gesamtlänge der Videoaufzeichnung mit der Handkamera übereinstimmen)
Gesamte positive EVP: 0

Digitale Videoaufzeichnung (DVR):
Anzahl der verwendeten Kameras: 4
Gesamtlänge der Videoaufzeichnung: 12 Stunden *(dies ist die Summe aller eingesetzten DVR-Kameras)*
Gesamte positive Videoclips: 0

Positive anomale EMF-Messwerte pro verwendetem Messgerät:
Trifield Natural EMF-Detektor: 0
Cellsensor EMF-Detektor: 1
KII EMF-Detektor: 0
Osun EMF-Detektor: 0
ELF Zone EMF-Detektor: 0
Digitaler EMF-Melder: 0
Mel 8704 EMF-Melder: 0

Positive anomale Temperaturänderungen pro Gerät:
Kontaktlose IR-Thermometer: 0
Mel 8704 Thermometer: 0

Gesamte positive Bewegungssensor-Messwerte: 0

Team-Zusammenfassung:
Erklären Sie hier, wie sich die Beweise auf den Kunden beziehen.

Eindrücke:
Eine kurze Beschreibung oder Hervorhebung der stärkeren Eindrücke, die von den Ermittlern empfunden wurden. Ein Punkt ist vielleicht, dass Sie als Leiter des Teams wussten, dass es eine Tante Thea gab, die die Familie vor kurzem verloren hat. Ich würde hier erwähnen, dass Ermittler Schmidt dieser Name während der Untersuchung in den Sinn gekommen ist. Das ist ein Punkt, der für den einzelnen Ermittler vielleicht keine Bedeutung hat, aber für den Klienten wertvoll sein dürfte.

Zusammenfassung der physischen Beweise:
Hier erwähnen Sie die Informationen, die Sie in Ihrer Untersuchung formuliert haben.

Schlussfolgerung:
Hier kommt eine abschließende Überprüfung aller Beweise ins Spiel. Der Verantwortliche für die Untersuchung muss auf der Grundlage seiner Erfahrung und der Beweise der Gruppe entscheiden, ob es an dem betreffenden Ort spukt oder nicht. Dies wäre der offizielle Standpunkt

der Gruppe. Ein wichtiger Punkt hierbei ist, dass Sie auch die Psyche Ihres Kunden verstehen müssen. Die Psychologie spielt eine wichtige Rolle bei unserer Arbeit. Wenn Sie hier zufällig mehr Beweise erfassen als irgendwo sonst in Ihrem Leben, Sie aber wissen, dass der Klient sich damit nicht wohlfühlen würde, dann müssen Sie einen Weg finden, Ihre Beweise behutsam zu präsentieren. Informieren Sie Ihre Kunden immer darüber, wie sie sich bei Fragen oder Anliegen am schnellsten an Sie wenden können. Sie dürfen nie vergessen, dass diese Menschen der Grund sind, warum Sie diese Arbeit tun, nämlich um ihnen zu helfen.

KAPITEL 13

Die eigenen Grenzen erkennen

- Die eigenen Grenzen erkennen
- Die Situation verstehen - Der Klientenfragebogen
- Was wissen wir wirklich?
- Die Kosten

13

Die eigenen Grenzen erkennen

Man sollte meinen das dies selbsterklärend ist, aber Sie wären überrascht, wie viele Teams hinausgehen und behaupten, sie könnten viel mehr als das, was sie eigentlich können. Indem sie das tun, schaden sie dem Klienten, sich selbst und dem Ansehen der paranormalen Gemeinschaft.

Stellen Sie sich ein Extremszenario vor, in dem jemand, den Sie kennen, eine Herztransplantation benötigt. Es sind viele Schritte nötig, um zu einer solchen Entscheidung zu gelangen. Es ist nicht so, dass Sie zu einem Zahnarztbesuch gehen und jetzt bekommen Sie diese Transplantation. Die zwei Dinge gehören nicht zusammen, es gibt Schritte in der Mitte, die zur endgültigen Entscheidung führen und sicherlich ist der Zahnarzt nicht die Person, die diese Entscheidung für Sie trifft. Wie würden Sie sich fühlen, wenn das der Fall wäre? Wenn nun während der Untersuchung in der Zahnarztpraxis etwas vorgefallen ist, bei dem dieser bemerkte, dass etwas nicht in Ordnung war, und Ihnen daraufhin vorschlug, Ihren Hausarzt aufzusuchen, der wiederum einen Spezialisten empfahl, der sich Ihre Beschwerden anschaute, und dieser dann sagte: „Wir haben jeden Test durchgeführt, den jeder Herzspezialist auf der Welt kennt, und es sieht so aus, als benötigten Sie eine Herztransplantation“. An diesem Punkt ist es durchaus glaubhaft, dass Sie die Transplantation nötig haben.

Der Knackpunkt hier ist, dass nicht der Zahnarzt die Entscheidung für eine Transplantation getroffen hat, sondern er hat eine Person mit mehr Ausbildung und mehr Erfahrung auf diesem speziellen Gebiet vorgeschlagen, um Ihnen zu helfen. Wenn der Zahnarzt versuchen würde, irgendeine Art von Herzoperation durchzuführen, gäbe es ohne Zweifel ein Problem, das Sie ernsthaft gefährden könnte.

Dies ist ein extremes Beispiel, aber es ist gar nicht so abwegig, wenn man darüber nachdenkt. Wenn Sie sich gerade erst mit dem Paranormalen beschäftigen, sollten Sie sich nicht gleich in eine „Herzoperation“ oder, wie wir es formulieren, einen Extremfall stürzen. Sie müssen das wirklich einem erfahrenen Team überlassen, das für diese Art von Fällen ausgerüstet ist. Dies bedeutet, dass Sie in Ihrer Umgebung ein wenig nach einer Gruppe suchen müssen, der Sie einen solchen Fall ohne Bedenken anvertrauen würden. Vergewissern Sie sich, wenn Sie einen Chirurgen empfehlen, dass es sich um jemanden handelt, von dem Sie sich selbst operieren lassen ließen.

Wenn Sie in eine Ermittlung einsteigen, verstehen Sie hoffentlich voll und ganz den Fall, bevor Sie am Einsatzort ankommen. Wenn dieser Fall zu viel für Sie ist, dann sollten Sie nicht dort sein. Es ist wichtig, sich daran zu denken und zu verstehen - besonders als angehender Ermittler oder als Team - Ihre Grenzen zu kennen. Es ist nichts Falsches daran, einem Kunden zu sagen, dass Sie seinen Fall nicht bearbeiten können.

Tatsächlich würden die meisten diese offene Haltung zu schätzen wissen und gnädiger Weise eine andere Gruppe akzeptieren, die ihnen helfen kann, ohne Ihren Ruf zu beschädigen. Sie würden sogar sagen, dass Sie ihnen wirklich geholfen haben. Ich hatte immer andere Adressen anderer Gruppen parat, die nur einen Telefonanruf oder eine E-Mail entfernt und besser ausgerüstet als ich waren, um bestimmte Fälle zu bearbeiten.

Es ist keine Schande, einen Fall an jemanden weiterzugeben, der besser dafür gerüstet ist, dies zu bewältigen. Wenn Sie das Team, an das Sie diesen Fall weitergeben, fragen, wird es Sie auch über den Fortschritt und den Geisteszustand des Klienten auf dem Laufenden halten.

Bei einem dämonischen Spuk besteht die reale Möglichkeit, dass jemandem in Ihrem Team oder jemandem in dem Haus, das Sie betreten, körperlicher Schaden zugefügt wird. Wenn Sie sich auf dieses Szenario einlassen, öffnen Sie sich der dämonischen Seite, einer Seite, die sich immer und zu allen Zeiten an Sie erinnern wird und immer wieder vorbeikommen wird, um Ihnen zu zeigen, dass sie weiß, wer Sie sind. Dies würde auch beinhalten, dass Sie Ihr Haus betreten und sogar mit Ihrer Familie interagieren.

Wenn jemand die dämonische Seite dieses Gebietes untersuchen will, muss er wirklich die Gefahren verstehen, denen er sich und seine Familie aussetzt.

DIE SITUATION DES KUNDEN VERSTEHEN

Um zu verstehen, was auf Sie zukommt, sollten Sie immer einen Fragebogen verschicken, bevor Sie den Kunden treffen. Dies wird Ihnen immer eine Vorstellung davon geben, was Sie erwarten könnte. Sie finden eine Vorlage am Ende dieses Buches, zusammen mit anderen nützlichen Dokumentationsvorlagen.In Fällen, in denen es etwas gibt, mit dem Sie nicht umgehen wollen, ist dies die erste Gelegenheit, die Sie haben, um das potenzielle Problem zu sehen und eventuell zu lösen. Die folgenden Fragen betrachten Sie bitte nur als Ideengeber für das persönliche Gespräch mit dem Kunden, sobald sie mit ihm zusammentreffen. Einige dieser Fragen sind sehr sensibel, also vergessen Sie nicht, taktvoll zu bleiben.

Am Besten notieren Sie sich die Fragen, die Sie beim persönlichen Gespräch stellen möchten, nachdem Sie den ersten Fragebogen vom Kunden zurückerhalten haben.

- Wie viele Personen halten sich gewöhnlicham Standort auf?
- Wie viele Haustiere: *(Gut zu wissen, falls Sie Ermittler mit Allergien haben.)*
- Namen und Alter der Bewohner:
- Berufe der Bewohner: *(Dies hilft bei möglichen Problemen. Ein Beispiel könnte ein Geistlicher sein, der vielleicht nicht weiß, dass er etwas aufgewirbelt hat.)*
- Religiöse Überzeugungen der Bewohner: *(Ein mögliches Kennzeichen könnte sein, dass ein Kunde kürzlich seinen Glauben gewechselt hat.)*
- Zeitpunkt des Einzugs in den Untersuchungsort: *(Kann dabei helfen, festzustellen, ob es sich um etwas handelt, das sie mitgebracht haben, oder ob „es" schon da war, als sie einzogen.)*
- Alter des Anwesens: (*Ältere Häuser haben in der Regel keine „Besucher", aber neuere Gebäude müssen erforscht werden, um festzustellen, was sich ursprünglich dort befand.)*
- Wie viele Vorbesitzer (falls bekannt):
- Geschichte des Ortes: (Tragödien, Todesfälle und frühere Klagen; Gewalttätige Vorgeschichten, Selbstmord, Morde, etc.)
- Wie viele Räume befinden sich auf dem Gelände: Dies wird benötigt, um die Größe Ihres Teams zu bestimmen.
- Wurde der Standort bereits eingesegnet? *(Hat der Kunde darum gebeten, dass er gesegnet wird? Warum hat er darum gebeten, dass er gesegnet wird?)*
- Wurde in letzter Zeit ein Umbau durchgeführt (wenn ja, welcher und wo):

- Nehmen einige Bewohner Medikamente ein? (Angstzustände, Depressionen, Schmerzen, etc.), falls ja, geben Sie bitte Namen und Medikamente an. *(Von Interesse sind natürlich alle Medikamente, die mit einer Psychose zu tun haben. Wenn die Medikamente abgesetzt werden, könnte es sich um Halluzinationen handeln.)*
- Alle Bewohner, die Drogen nehmen (dies wird selbstverständlich vertraulich behandelt) *(Zu viel kann zu Halluzinationen führen.)*
- Alle Bewohner, die übermäßig Alkohol konsumieren (dies wird selbstverständlich vertraulich behandelt) *(Zu viel kann zu Halluzinationen führen.)*
- Interessiert sich ein Bewohner für das Okkulte: (Ouija, Séancen, Hellsehen, Zauberei) Wenn ja, wer und was? (*Wenn okkultes Verhalten auftritt, könnte es sich um dämonische Aktivitäten handeln.)*
- Alle Bewohner, die derzeit einen Psychiater aufsuchen oder in Therapie sind (dies wird vertraulich behandelt) wenn ja, wer? *(Psychische Stabilität ist immer ein Thema; wenn jemand labil ist, besteht die Möglichkeit, dass er sich Dinge einbildet. Damit muss sehr behutsam umgegangen werden.)*
- Gibt es Bewohner mit häufigen oder unerklärlichen Krankheiten (wenn ja, beschreiben Sie diese) *(Einige dämonische Manifestationen können Menschen mit plötzlichen Krankheiten betreffen.)*
- Wurden irgendwelche religiösen Geistlichen konsultiert? Wenn ja, bitte Kirche auflisten *(Wenn Geistliche hinzugezogen wurden, kann dies zu mehr Feindseligkeit gegenüber dem Klienten geführt haben. Wenn z.B. das Haus jetzt von einer streng christlich orientierten Familie bewohnt wird und der „Geist" jüdisch ist, würden sie die christlichen Gebete nicht gerade schätzen.)*
- Gab es eine Beteiligung von Medien: Wenn ja, von wem? *(Falls ja, sucht dieser Kunde möglicherweise mehr als nur Ihre Hilfe.)*
- Gab es irgendwelche ungewöhnliche Gerüche: (z. B. Parfüm, Blumen, Schwefel, Ammoniak, Exkremente usw.)? Wenn ja, wann, wo und was? *(Wenn Sie selbst es nicht riechen können, sollte das ein Hinweis sein.)*
- Gab es irgendwelche Geräusche: (z.B. Schritte, Klopfen, Hämmern, usw.)? Wenn ja, wann, wo und was? *(Hier sollten Sie nach einem speziellen Muster suchen.)*
- Gab es irgendwelche Stimmen: (Flüstern, Schreien, Weinen, Sprechen)? Wenn ja, wann, wo und was? *(Sind diese Stimmen identifizierbar? Ist diese Person noch am Leben?)*
- Gab es irgendwelche Objektbewegungen, wenn ja, wann, wo und was.
- Gab es irgendwelche Erscheinungen, Wenn ja, wann, wo und was (beschreiben Sie die Erscheinung)? (*Hüten Sie sich vor Kinder-*

Erscheinungen. Etwas Böses wird alles versuchen, damit Sie sich wohlfühlen, also seien Sie wachsam.

- Gab es irgendwelche unübliche kalte oder heiße Stellen? Wenn ja, wann, wo und was? *(Es besteht der Glaube, dass Geister Energie anziehen und dadurch heiße oder kalte Stellen entstehen. Die Kenntnis des Ortes hilft bei der Feststellung, ob es einen natürlichen Grund dafür gibt.)*
- Gab es irgendwelche Probleme mit elektrischen Geräten (Fernseher, Licht, Küchengeräte, Türklingel)? Wenn ja, wann, wo und was?
- Gab es irgendwelche Probleme mit Sanitäranlagen? (Lecks, Überschwemmungen, Waschbecken, Toilettenschüsseln)Wenn ja, wann, wo und was? *(Denken Sie einfach daran, dass sauber und schmutzig gleichzusetzen ist mit Gut und Böse.)*
- Haben die Bewohner Alpträume oder Schlafprobleme? Wenn ja, wer und wann? *(Dies kann ein Hinweis auf einen Geist sein, der versucht, die Person zu zermürben. Versuchen Sie, so viele Informationen wie möglich über die Träume zu bekommen, die sie haben.)* Wie häufig treten die Träume auf? *(Achten Sie auf ein Muster)*
- Gab es irgendeinen physischen Kontakt? Wenn ja, wer, wo und was ist passiert? *(Eine Person, die ständig angegriffen wird, muss genau untersucht werden. Die Art des Kontakts ist sehr wichtig, es kann ein sanfter Klaps oder ein heftiger Kratzer sein.)*
- Sind Haustiere betroffen? Wenn ja, wie? *(Verhält sich das Tier normal? Welche Veränderungen sind zu bemerken?)*
- Beschreiben Sie das erstmalige Auftreten der Phänomene.(Was und wann ist es passiert?)
- Wer war der erste Zeuge des Phänomens? *(Dies kann helfen, festzustellen, ob jemand andere Personen dazu brachte, dem zuzustimmen, von dem sie „glaubten", dass es geschah.)*
- Um welche Zeit trat das Phänomen zum ersten Mal auf? *(Achten Sie auf ein Muster)*
- Wie hat der Betroffene während des Phänomens reagiert? *(Achten Sie auf ein Muster)*
- Gab es noch weitere Zeugen während des ersten Ereignisses? *(Achten Sie auf ein Muster)*
- Wie lange ist die durchschnittliche Dauer der Phänomene? *(Achten Sie auf ein Muster)*
- Wie oft ist das Phänomen bisher aufgetreten? *(Achten Sie auf ein Muster)*
- Empfindet einer der Bewohner die Phänomene als bedrohlich? Wenn ja, wer und warum? *(Versuchen Sie, ihm die Angst zu nehmen)*

- Was glauben die Anwesenden, was vor sich geht: (d.h. es ist übernatürlich, natürlich, unsicher, usw.)? (*Wenn nur eine Person dies glaubt, könnte mehr dahinterstecken, als man denkt.*)
- Was erwarten Sie von unserer Untersuchung? (*Sie sollten versuchen, diese Erwartungshaltung zu erfüllen*)

WAS WISSEN WIR WIRKLICH?

In letzter Zeit habe ich eine Menge unterschiedlicher Meinungen zur paranormalen Forschung gelesen. Viele sind der Meinung, dass Orbs aus Staub bestehen. Genauso viele sind der Ansicht, dass Orbs Geister sind. Die gleiche Theorie gilt für EMF-Messgeräte und sogar EVP.

Warum gibt es so viele verschiedene Auffassungen über diese Themen, auf die paranormale Ermittler ihre „wissenschaftliche Forschung" stützen? Vereinfacht gesagt, wir kennen die Antworten noch nicht. Das ist der Grund, warum wir tun, was wir tun, aber wir müssen die Dinge besser machen. Abgesehen davon, dass wir hinausgehen und die Orte untersuchen, an denen wir arbeiten, müssen wir uns auch hinsetzen und damit experimentieren, was wir tun und wie wir es tun.

Wir sind nicht alle Wissenschaftler und ich glaube, viele wissen nicht einmal, wie man eine wissenschaftliche Hypothese formuliert, die überprüft werden kann. Das ist die Voraussetzung dafür, dass jemand in der paranormalen Gemeinschaft sagen kann, er habe die Antwort. Im Moment hat das keiner von uns. Die wissenschaftliche Seite dessen, was wir tun, muss weiterentwickelt werden. Warum? Weil nicht viele von uns, wenn überhaupt jemand, wissenschaftliche Forschung richtig betreibt. Die Grundlagen dieser Forschung lauten wie folgt:

- Was ist die Antwort, nach der Sie suchen? - Seien Sie hier realistisch, und sagen Sie nicht: „Ich möchte herausfinden, ob es ein Leben nach dem Tod gibt", sondern fangen Sie mit einem wesentlich kleineren Ziel an und arbeiten Sie sich schließlich zu diesem vor.
- Recherchieren Sie alles, was Sie können, zu diesem Thema und entwickeln Sie Ihre eigene Hypothese darüber, was Ihrer Meinung nach die richtige Antwort ist.

- Testen Sie Ihre Hypothese gründlich. Bei einem echten Testverfahren wird jeweils nur eine Variable verändert; auf diese Weise können Sie während der Arbeit verfolgen, was diese eine Variable mit Ihrem Test gemacht hat. Im weiteren Verlauf müssen Sie daran denken, dass Sie Ihren Test immer wieder durchführen müssen, um zu sehen, ob Sie das gleiche Ergebnis erhalten. Vergessen Sie nicht, dass Ihre Tests von anderen nachvollzogen werden müssen, daher sind klare und präzise Notizen unabdingbar.

Wenn Sie dies getan haben, ist es an der Zeit, Ihr endgültiges Fazit zu formulieren. Stellen Sie sicher, dass Sie dabei diese Fragen beantworten können:

- Müssen Sie noch mehr Nachforschungen anstellen, um zu einer korrekten Schlussfolgerung zu kommen?
- Stützen Ihre Versuchsreihen wirklich das, was Sie zu erreichen versuchen (Ihre Hypothese)?
- Können die Ergebnisse repliziert werden?

Seien Sie ehrlich mit Ihren Ergebnissen!

Denken Sie an ein Zitat von Thomas Edison: „Ich habe nicht versagt. Ich habe nur 10.000 Wege gefunden, die nicht funktionieren“. Das bedeutet, dass Sie immer weiter versuchen sollten, zu Ihrer Antwort zu kommen.

Wenn wir so ähnlich wie hier vorgehen, dann haben wir womöglich einen Ansatzpunkt. Dort haben diese Ideen faktische wissenschaftliche Beweise, um sie zu unterstützen. Unser Gebiet braucht dies, um ernsthaft zu arbeiten.

Die meisten Mitglieder unserer ständig wachsenden Gemeinschaft verstehen leider die grundlegenden Dinge nicht und fangen sofort an, ihre Meinung zu verkünden, die sie für die Wahrheit halten. Andere lesen Beiträge in einem Blog oder auf einer Website und führen dieses Mantra ohne Überprüfung weiter. Wir müssen unsere eigene Meinung entwickeln, eine Meinung, die auf unserer eigenen Forschung basiert.

Das Wichtigste, was wir alle verstehen müssen, ist dies: Wir wissen noch gar nichts. Alles, was es da draußen gibt, ist Spekulation ohne fundierte wissenschaftliche Untermauerung. Mit dieser Feststellung sind beide Seiten jeder Medaille im Spiel, Orbs, EMF und EVP können alle einen Platz in unserer Forschung haben oder auch überhaupt keinen. Bis wir es sicher wissen, können wir keine der beiden Seiten ausschließen.

DIE KOSTEN

Wenn sich Menschen mit diesem Gebiet beschäftigen, sind sie immer begeistert, und wollen am liebsten gleich loslegen und anfangen zu ermitteln. Der Einstieg in die Geisterjagd ist gar nicht so schwer, denn man benötigt nur die grundlegenden Dinge: einen Stift und Papier, eine Kamera (5 Megapixel oder besser), eine Taschenlampe, ein Mobiltelefon und einen guten Freund oder Bekannten. Fast jeder hat das alles schon. Was kostet also die Geisterjagd? Hier geht es um die finanziellen Auswirkungen, die auf Sie zukommen können und wahrscheinlich auch irgendwann zukommen werden.

Nach ein paar erfolgreichen Gruppenausflügen mit Ihren Freunden werden Sie sich bereit fühlen, zu expandieren und einige etwas anspruchsvollere Fälle zu übernehmen. Sie haben all Ihre Studien gemacht und sogar mit einem erfahrenen Team ermittelt. Aber was kommt als nächstes? Nun, ganz einfach: Sie müssen Ihren Namen bekannt machen. Der beste Weg dafür ist natürlich die Mundpropaganda, und die wird irgendwann kommen. Um loszulegen, entscheiden sich die meisten Gruppen, eine Website einzurichten. Hier haben sie ihren Namen und lassen die Welt wissen, dass sie hier sind und bereit sind zu helfen. Dies ist ein guter Anfang. Sie können einige kostenlose Websites bekommen, aber sie sehen ein wenig unprofessionell aus. Die meisten seriösen Gruppen werden eine normale Website haben, für die sie höchstwahrscheinlich bezahlen müssen. Hier ist also der erste versteckte Kostenpunkt, den Sie berücksichtigen müssen.

Eine weitere Möglichkeit, Ihren Namen bekannt zu machen, besteht darin, einige professionell aussehende Flyer auf Ihrem Heimcomputer zu erstellen. Drucken Sie sie aus und legen Sie sie an verschiedenen Orten in der Stadt aus. Das ist doch ziemlich kostengünstig, oder? Lassen

Sie uns überlegen, wie Sie Ihr Logo oder einfach nur einen einfachen Flyer gestalten. Wenn Sie viel Farbe verwenden oder auch nur den Hintergrund schwarz machen, werden Ihre Tintenkosten ziemlich hoch sein. Ganz zu schweigen von dem Papier, auf dem Sie es ausdrucken werden. Nach ein paar Ausdrucken werden Sie feststellen, dass sich die Kosten langsam aber sicher auftürmen.

Wenn Sie sich trotzdem für dieses Vorgehen entschieden haben, versuchen Sie, bei der Farbauswahl und den schwarzen Hintergründen vernünftig zu sein. Die Druck- und Papierkosten können Sie leicht überrumpeln.

Nun, Sie haben ein paar Flyer entworfen und beginnen, eine Webseite zu erstellen. Achten Sie auf die Fallstricke, in die viele Leute laufen. Wenn Sie gruselige Bilder und furchterregende Wesen auf Ihrer Homepage platzieren, werden Sie Menschen abweisen, die eigentlich Hilfe suchen. Die Leute sind bereits verängstigt, deshalb suchen sie ja nach Ihnen. Sie brauchen diese Bilder sicherlich nicht zu sehen, wenn sie nach Hilfe suchen, um genau von dieser Sache wegzukommen.

Ihre Webseite sollte einfach zu navigieren sein und unmissverständlich angeben, was Sie tun. Wenn Sie sich engagieren, um Menschen zu helfen, lassen Sie die Öffentlichkeit das wissen. Stellen Sie sicher, dass Sie erwähnen, dass Ihre Dienste kostenlos sind. Die meisten Ermittler tun dies, um Menschen zu helfen und wollen dem paranormalen Bereich helfen, in seiner Wissensbasis zu wachsen. Eines der wichtigsten Dinge, die Sie auf Ihrer Website, Ihren Flyern oder was auch immer Sie mit dem Namen Ihrer Gruppe versehen, ist, wie man Sie kontaktieren kann. Eine E-Mail ist großartig, aber was ist, wenn Sie jemanden in einer Situation haben, in der er **sofort** Hilfe benötigt? Dann ist eine Telefonnummer der beste Weg.

Eine Telefonnummer, die jetzt eine neue Situation schafft, nicht wahr? Ich habe mein Mobiltelefon; ich werde einfach diese Nummer herausgeben. Sind Sie sicher, dass Sie das tun wollen? Ich wäre mit dieser Vorgehensweise sehr vorsichtig. Die Frage ist, wollen Sie, dass Ihre Telefonnummer überall zu finden ist? Hier besteht also ein weiterer möglicher Kostenfaktor. Einige richten ein zusätzliches Mobiltelefon bei ihrem bestehenden Mobilfunkanbieter ein und veröffentlichen diese Telefonnummer.

Genau das habe ich getan, als wir angefangen haben. Dies ist jedoch mit zusätzlichen Kosten verbunden.

Andere wiederum haben 0800er-Nummern eingerichtet, die mit dem Internet verbunden sind und sie erhalten eine Textnachricht, wenn eine Nachricht vorliegt. Es entstehen also weitere Kosten, eine 0800er-Nummer zu tragen und die Kontrolle über die Textnachrichten zu haben? Diese können so niedrig wie €10,00 pro Monat sein, trotzdem sind das €120,00 pro Jahr, die einkalkuliert werden müssen. Als Mitbegründer einer gemeinnützigen Gruppe zahle ich diese Summe dann, um unsere privaten Nummern rauszuhalten.

Ein weiterer Schritt, den viele Teams unternehmen, ist das Anfertigen von Visitenkarten. Auch dies ist etwas, das man sich genau ansehen sollte. Stellen Sie sicher, dass der Name Ihrer Gruppe und die Kontaktinformationen deutlich auf der Karte stehen. Es gibt viele Dienste, die „kostenlose Visitenkarten" anbieten. Nun, wie mein Vater immer sagte: „Nichts ist umsonst - selbst der Tod kostet das Leben."

Wenn Sie ein Logo gestaltet haben, gibt es einfache Wege, um diese auf die leeren Kartenvorlagen von diversen Online-Printshops „zu übertragen". Seien Sie auch hier vorsichtig, achten Sie darauf, wie diese hochgeladen werden und stellen Sie sicher, dass Sie sie in der richtigen Größe haben. Sie wollen sicher nicht 500 Visitenkarten erhalten, bei denen alles unscharf ist. Und vergessen Sie nicht, die Rechtschreibung zu überprüfen; ich habe das auf die harte Tour herausgefunden!

Sie können natürlich die kostenlosen Logos und Designs verwenden, die angeboten werden, aber es sieht viel besser aus, wenn Ihre Karten zu Ihrer Website passen. Sie sollten wirklich darauf achten, dass alles, was Sie veröffentlichen, ein ähnliches Aussehen hat. Andernfalls werden Sie nicht professionell erscheinen. Die letzten versteckten Kosten bei kostenlosen Visitenkarten sind die Versandkosten. Dies ist nicht so viel, aber trotzdem eine Kostenfrage, die berücksichtigt werden muss.

Wir haben gerade ein paar Euro ausgegeben, nur um unseren Namen bekannt zu machen. Worüber müssen wir uns noch Gedanken machen, was uns Geld kosten könnte? Die Antwort ist denkbar einfach: Ihre Ausrüstung. Wenn Sie als Profi-Truppe hinausgehen, brauchen Sie ein wenig mehr als nur eine Kamera und eine Taschenlampe. Hier können Sie nun zwischen 100,00 € und Tausenden von Euro ausgeben. Ich rate vielen Teams und Einzelpersonen immer wieder, den „Gerätepark“ langsam aufzubauen.

Zu Beginn sollten Sie wenigstens einige EMF-Detektoren und ein digitales Aufzeichnungsgerät haben. Unter Umständen müssen Sie noch eine Software kaufen, die Ihnen bei Ihren Fotos und EVP hilft. Meistens sind Tonbandstimmen sehr schwer zu hören und müssen verstärkt werden und es muss etwas „Arbeit“ in sie investiert werden. Es gibt einige Programme, die dabei helfen. Viele sind kostenlos und sind ein guter Anfang, die meisten besseren kosten jedoch etwas Geld. Einige von ihnen können locker Hunderte von Euro kosten. Auch hier gilt: Finden Sie etwas, mit dem Sie arbeiten können, und fangen Sie mit diesem Programm an.

EMF-Detektoren können €15,00 bis über €200,00 kosten. Beginnen Sie mit einigen der Grundgeräte und bauen Sie von da aus auf. Es ist offensichtlich, dass der Equipment-Bereich der Bereich ist, in dem die finanziellen Mittel schnell aufgebraucht sein werden. Ein weiteres wichtiges Ausrüstungsstück, das Sie etwas Geld kosten wird - falls Sie sich dafür entscheiden, es zu nutzen - betrifft die Videotechnik. Wenn Sie eine Videokamera zu Hause haben, die mit Nachtsicht über Infrarotbeleuchtung arbeitet, haben Sie schon einen guten Start. Ist dies nicht der Fall, müssen Sie dies ebenfalls einplanen. Gehen Sie bitte nicht los und versuchen Sie, mit einem DVR-System zu beginnen, das kann leicht einige tausend Euro kosten. Es gibt noch viele andere Bereiche, für die Sie zunächst Geld ausgeben müssen.

Der letzte Kostenfaktor ist einer, den die meisten beim Einstieg in die Materie nicht berücksichtigen. Es ist Ihre Zeit. Dies ist kein Bereich, in dem Sie nur Nachforschungen anstellen. Sie müssen sich die Zeit nehmen, sich weiterzubilden, Ihre Beweise zu überprüfen und die korrekten Ermittlungen für Ihren Auftraggeber durchzuführen. Zu guter Letzt müssen Sie sich Zeit für Ihre Klienten nehmen. Sie haben Sie schließlich zu diesem Zweck geholt und das ist auch der Grund, warum Sie da sind und hoffentlich auch, warum Sie dies alles machen.

KAPITEL 14

Formulare, Berichte, Fragebogen

- Vor der Untersuchung
- Während der Untersuchung
- Nach der Untersuchung
- Der Masterbericht

14

Formulare, Berichte,Fragebogen

Als erfahrener und etwas älterer paranormaler Ermittler habe ich viele Jahre Erfahrung in der Arbeit an Orten gesammelt, an denen wir eine Vielzahl von Teams mit unterschiedlichen Erfahrungswerten trafen. Eine Frage, die viele der Gruppen immer wieder stellen, besonders diejenigen mit weniger Erfahrung, ist, welchen Papierkram wir bei einer Untersuchung verwenden, da üblicherweise immer jemand etwas notiert, wenn wir eine Untersuchung durchführen.

Um als ein funktionsfähiges und effektives Untersuchungsteam zu arbeiten, ist es wichtig, dass Unterlagen, Dokumentation und Aufzeichnungen korrekt ausgefüllt werden. Im Laufe der Jahre hat sich unser Dokumentationsmaterial verändert und wurde entsprechend unseren Bedürfnissen und den verschiedenen Geräten und Techniken, die dem Ermittler zur Verfügung stehen, angepasst und geändert. Was wir verwenden und wie wir arbeiten, passt vielleicht nicht zu einem anderen Team; wenn Sie jedoch Ihre eigenen Formulare erstellen, können diese an alle Ihre eigenen Bedürfnisse und Spezifikationen angepasst werden.

In der Disziplin der paranormalen Forschung geht es um Einigkeit und nicht um Wettbewerb. Wir stoßen oft auf andere Teams, die nicht bereit sind, ihre Informationen und Ergebnisse zu teilen, was ich nie verstanden habe, da wir alle das Ziel verfolgen, die Existenz oder Nichtexistenz von paranormalen Phänomenen zu finden und zu beweisen.

Die Unterlagen, die wir verwenden, sind in drei Kategorien unterteilt:

1. Vor der Untersuchung
2. Während der Untersuchung
3. Nach der Untersuchung

In diesem Kapitel werde ich die einzelnen Papiere aufschlüsseln, um zu erklären, wie wir sie verwenden und warum. Ich hoffe, dass sich diese Sammlung von Formularen als nützlich für Ihre Untersuchungen und die allgemeine Zusammenarbeit erweist.

Die Dokumentationsunterlagen, die wir verwenden, sind so konzipiert, dass sie die Informationen, die für eine Untersuchung des Paranormalen zur Verfügung stehen, optimieren. So können wir sicherstellen, dass wir über die relevanten Informationen verfügen, die richtigen Genehmigungen einholen, die Gefahren an den Orten einschätzen und, was ebenso wichtig ist, einschätzen, ob eine Untersuchung erforderlich ist oder nicht.

VOR DER UNTERSUCHUNG

Vor jeder Untersuchung hat das Team eine festgelegte Vorgehensweise und die Dokumentationsunterlagen geben uns Ablauf fest vor, damit keine Details vergessen werden.

Die Dokumentation, die wir verwenden, wurde entwickelt, um die Informationen, die für jede Untersuchung des Paranormalen zur Verfügung stehen, zu optimieren. Sie ermöglicht es uns, sicherzustellen, dass wir die relevanten Informationen haben, sie ermöglicht es uns, die richtigen Genehmigungen einzuholen, die Gefahren vor Ort einzuschätzen und, was genauso wichtig ist, sie hilft uns zu beurteilen, ob eine Untersuchung notwendig ist oder nicht.

1. Interview vor der Untersuchung:

Wir führen das Interview vor der Untersuchung durch, um potenzielle „Hot-Spots" paranormaler Aktivitäten an jedem Ort zu identifizieren und alle anderen Faktoren zu ermitteln, die mit möglichen Erlebnissen in Verbindung stehen und Licht auf die gemeldeten Aktivitäten werfen können.

Das Interview verwenden wir vorwiegend, wenn wir gebeten werden, ein privates Wohnhaus oder Grundstück zu untersuchen und ist nicht für verlassene oder öffentliche Orte vorgesehen.

Wenn wir das Interview durchführen, stellen wir sicher, dass zwei Mitglieder der Gruppe anwesend sind, um ihre Sicherheit zu gewährleisten und um eventuell die Antworten zu klären.

Das Interview ist darauf ausgelegt, so viele relevante Informationen über den Ort und die Bewohner wie möglich zu erhalten, doch die Fragen müssen manchmal mit viel Taktgefühl gestellt werden.

Der erste Teil des Interviews bezieht sich auf den Standort:

Fragebogen Voruntersuchung

Datum		Untersuchungsort	
Kontakt		Teilnehmer	

Adresse d. Untersuchungsortes	
Typ des Untersuchungsortes	

Alter des Objekts		Anzahl vorherige Besitzer	

Einige der Kategorien sind selbsterklärend, wie z. B. das Datum und der Standort. Das Alter des Standorts und die Anzahl der Vorbesitzer können meist nur eine ungefähre Angabe sein.

Kontakt - Mit wem führen Sie das Interview und welche Verbindung besteht zu dem Standort?

Teilnehmer - Nennen Sie die Mitglieder des Teams, die bei dem Interview anwesend sind. Es ist wichtig zu wissen, wer bei der Befragung anwesend war, für den Fall, dass es bei der Untersuchung zu Unstimmigkeiten mit anderen Mitgliedern kommt.

Alter des Objekts und **Anzahl der Vorbesitzer** - Dies ist in der Recherchephase einer Untersuchung sehr wertvoll zu wissen. Es ist hilfreich, das Alter des Standorts zu kennen und zu erfahren, was sich möglicherweise vorher auf dem Gelände befunden haben könnte. Meiner Erfahrung nach ist es selten, dass die aktuellen Besitzer das Alter und die Anzahl der Vorbesitzer kennen.

Anwesende am Untersuchungsort							
	Name	m/w	Alter		Name	m/w	Alter
1				4			
2				5			
3				6			

Tiere/Haustiere am Untersuchungsort							
	Art	Alter	Im Haus		Art	Alter	im Haus
1				4			
2				5			
3				6			

Frühere paranormale Erlebnisse (nicht an diesem Ort)

Anwesende Personen am Untersuchungort - Es ist wichtig zu wissen, wer regelmäßig am Standort anwesend ist, da sich die Aktivitäten gelegentlich nur auf eine bestimmte Person konzentrieren, die sich in der Regel in einer Phase körperlicher und emotionaler Veränderungen befindet.

Tiere/Haustiere am Untersuchungsort - Die Angabe von der Präsenz von Tieren und/oder Haustieren am Untersuchungsort ist sehr wichtig, aber ein weitgehend ignorierter Faktor. Manche glauben, dass Tiere den Sinn haben, paranormale Aktivitäten zu sehen und zu erkennen, und einige Aktivitäten können auf die Aktivitäten von ihnen zurückgeführt werden.

Frühere paranormale Erlebnisse - Frühere paranormale Erlebnisse - Dies ist eine weitere Information, die wichtig sein könnte. Möglicherweise können Sie ein Muster erkennen, das sich bei jemandem und seiner hochentwickelten Phantasie oder seinen Ängsten abzeichnet.

Frühere Erfahrungen können auch ein Hinweis darauf sein, dass jemand empfänglicher für das Paranormale ist. Es ist wichtig, bei Berichten über frühere Erlebnisse daran zu denken, dass der Ermittler nicht selbst zugegen war und daher die Berichte weder bestätigen noch dementieren kann.

Religiöse Bekenntnisse der Bewohner

Medikamentengebrauch der Bewohner

Religiöse Bekenntnisse der Bewohner - Verschiedene Religionen halten und fördern unterschiedliche Glaubensvorstellungen und Bräuche für wichtig, so dass es angebracht ist, verschiedene Religionszugehörigkeiten an den Orten zu erkennen und zu verstehen. Dies ist wichtig, um die Ansichten der Menschen über das Paranormale und die berichteten Aktivitäten zu verstehen und um niemanden vor Ort zu beleidigen. Es ist auch wichtig, sich daran zu erinnern, dass wir als Ermittler vielleicht nicht von allen vor Ort willkommen geheißen werden.

Medikamentengebrauch der Bewohner - In der Rubrik „Medikamente“ muss man bei der Befragung behutsam vorgehen. Die Intention dieses Bereiches ist es, nicht aufdringlich nach der Krankengeschichte zu fragen. Wenn sie diese Informationen nicht preisgeben wollen, muss dies ohne Argumente respektiert werden. Einige Medikamente haben schwere Nebenwirkungen, die Halluzinationen einschließen, oder können den Geisteszustand einer Person verändern, was als paranormale Aktivität interpretiert werden kann.

Es ist von entscheidender Bedeutung, nicht zu urteilen, wenn und falls eine der Personen irgendwelche Medikamente offenlegt, und ebenso wichtig ist es, dass sie erkennen, dass die Informationen zu jeder Zeit vertraulich behandelt werden.

Geschichte des Untersuchungsortes (Tragödien, Todesfälle etc.)

Ereignisse am Untersuchungsort (Sichtungen, Geräusche, Gerüche etc.)

Geschichte des Untersuchungortes - Kennt der Klient eine relevante Geschichte des Standorts? Ist am Standort etwas passiert, das viele Emotionen hervorruft? Haben frühere Bewohner oder Besucher irgendeine Aktivität erlebt?

Erlebnisse am Untersuchungsort - Es ist von wesentlicher Bedeutung, zu erfahren, was am Ort erlebt wurde, um eine erfolgreiche Untersuchung zu planen und sich auf die entsprechenden Bereiche zu konzentrieren.

Aktive Räume am Untersuchungsort	Aktivitätszentren um Personen

Aktive Räume am Untersuchungsort - Wird verwendet, um Räume und Bereiche zu bestimmen, in denen scheinbar häufiger Aktivitäten zu verzeichnen sind.

Aktivitätszentren um Personen - Tritt die gemeldete Aktivität eher bei bestimmten Personen am Ort auf?
Diese beiden Fragen können für eine Untersuchung und deren Planung hilfreich sein. Wenn zum Beispiel berichtet wird, dass vermehrt Aktivitäten stattfinden, wenn sich eine bestimmte Person in einem bestimmten Raum aufhält, dann bitten Sie sie, sich während der Aufzeichnung der Ereignisse in diesen Raum zu setzen.

Seit wann finden die Aktivitäten statt? Treten sie zu bestimmten Zeiten auf?

Verschlimmert oder steigert etwas die Stärke oder Qualität der Erlebnisse?

Machen die Erlebnisse den Bewohnern Angst? Fühlen sie sich einer Gefahr ausgesetzt?

Weitere wichtige Informationen

Seit wann finden die Aktivitäten statt? - Es ist wichtig zu wissen, wie lange die Menschen schon diese Erlebnisse haben und ob diese an bestimmten Tagen und zu bestimmten Zeiten auftreten. Es ist ein fast vergessener oder zumindest ignorierter Aspekt auf dem Gebiet der paranormalen Forschung, dass paranormale Aktivität an einem Ort nicht nur während der Nachtstunden auftritt.

Verschlimmert oder steigert etwas die Stärke oder Qualität der Erlebnisse? - Einige Teams berichten von der Zunahme einer Aktivität, wenn der Ort gerade eine Art von Veränderung erfährt. Es kann sich hierbei um irgendeine Art von Arbeit, Erweiterung, Dekoration oder auch einfach nur ein Umstellen der Möbel handeln.

Machen die Erlebnisse den Bewohnern Angst - Gibt es ein wahrgenommenes Element eines bedrohlichen Verhaltens bei der Aktivität? Diese Informationen können an die Teammitglieder weitergegeben werden, damit sie wachsamer sind, obwohl es wichtig ist, sie nicht zu beeinflussen.

Sonstige Informationen - Gibt es irgendetwas anderes, das für eine Untersuchung des Ortes relevant sein könnte?

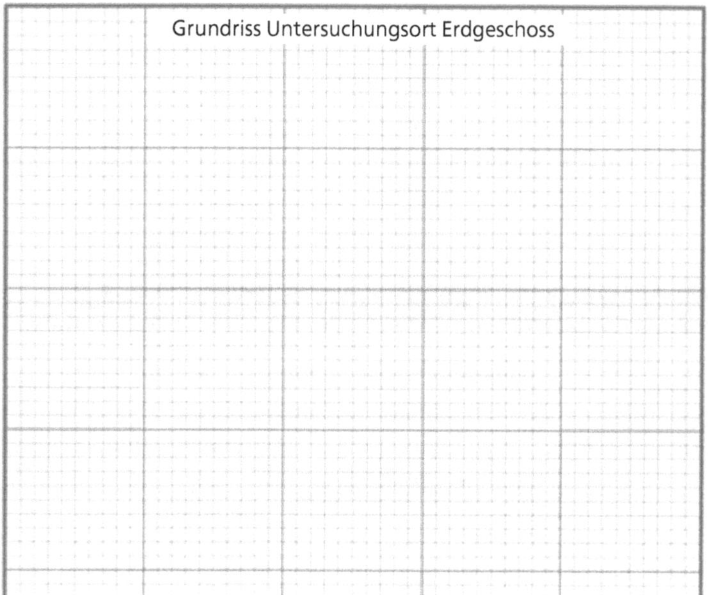

Legende:

Fenster		Türen	
Klimaanlage		Heizkörper	
Sicherungen		Kamin	

Das Grundrissraster wird verwendet, um den Raumgrundriss vom Erdgeschoss bis zum Dach zu zeichnen. Sobald der Grundriss gezeichnet ist, werden Merkmale wie Fenster und Türen im Raum eingetragen.

Dieser Grundriss wird auch verwendet, um alle Bereiche mit hohen EMF-Werten zu markieren, die für das Haus natürlich sind, wie z. B. die Nähe zu Sicherungskästen. Darüber hinaus kennzeichnen wir auf dem Plan, wo wir Überwachungsgeräte wie CCTV-Kameras und Bewegungsmelder platzieren werden.

Der letzte Teil ist im Wesentlichen einer der wichtigsten Teile des Interviews. Dieser Abschnitt wird während eines Rundgangs durch den Standort und in Begleitung des Klienten ausgefüllt.

Während der Begehung markieren Sie alle Schäden auf dem Lageplan und fügen die oben genannten Details hinzu. Stellen Sie nach dem Ausfüllen sicher, dass der Kunde oder Verantwortliche das Formular liest und unterschreibt, denn dies schützt die Gruppe vor Forderungen wegen Schäden, die bereits vorhanden waren.

Stockwerk	Raum	Vorhandene Schäden / Gefährliche Umgebung

Klient oder Vertreter		Unterschrift		Datum	
1. Team-Mitglied		Unterschrift		Datum	
2. Team Mitglied		Unterschrift		Datum	

Erlaubnis zum Betreten des Grundstücks und/oder Objekts

Das Formular für die Zutrittserlaubnis wird bei allen Untersuchungen verwendet, um jedem, der uns um die Erlaubnis fragt den Ort zu besuchen und zu untersuchen, einen Nachweis vorlegen zu können, unabhängig davon, ob der Eigentümer zu diesem Zeitpunkt vor Ort ist oder nicht. Wir hatten schon Untersuchungen, bei denen die Polizei auftauchte um das offensichtliche Licht unserer Taschenlampen im verdunkelten Gebäude zu kontrollieren.

Auf der Rückseite des Zutrittsformulars bitte ich immer darum, dass die Person, die die Erlaubnis erteilt, ihre Kontaktdaten bzw. Telefonnummer hinterlässt, für den Fall, dass die Polizei nachprüfen möchte, aber das ist bisher noch nie nötig gewesen.

Dieses Formular ist an sich ziemlich unkompliziert.

Bedingungen / Einschränkungen / Nicht zu betretende Bereiche - Zu den häufigsten Einschränkungen, auf die wir bei einer Untersuchung stoßen, gehören Bereiche, die für das Team nicht zugänglich sind, und die Bitte, keine spirituelle Arbeit zu verrichten. Bedingungen und Einschränkungen müssen immer respektiert und sollten nicht in Frage gestellt werden.

Zeit- und Datumsbeschränkungen - Diese Zeiten müssen respektiert werden. Diese Auflagen können manchmal frustrierend sein, vor allem, wenn die Aktivitäten gerade erst beginnen und wir den Ort verlassen müssen, doch wenn die Eigentümer des Ortes dies wünschen, können wir nichts dagegen tun.

Vorhandene Schäden am Untersuchungsort - Alle Schäden, die im Interview vor der Untersuchung festgestellt wurden, werden in diesen Abschnitt übertragen, um Unklarheiten zu vermeiden und um sicherzustellen, dass der Eigentümer die Verantwortung für den Schaden vor unserer Ankunft sieht und anerkennt. Während der gesamten Untersuchung verbleibt dieses Formular entweder in der Leitstelle, Sollte diese nicht vorhanden sein, verbleibt das Formular beim leitenden Ermittler.

Zutrittsserlaubnis

Dieses Formular dient als Nachweis dafür, dass Sie als Eigentümer oder Vertreter [1]________________ Zutritt zu Ihrem Grundstück und Gebäude gewähren, um paranormale Ermittlungen durchzuführen.

Ich, [2]______________ habe die Befugnis, Mitgliedern von [1]__________ und zugehörigen Personen Zugang zu [3]__________________________ zu gewähren, um eine Untersuchung paranormaler Vorkommnisse durchzuführen sowie Nachforschung auf diesem Grundstück / in den dazugehörigen Gebäuden zu betreiben.

Der Untersuchungsprozess wurde mir erklärt und ich gebe mit diesem Dokument [1]________________ die Erlaubnis, eine solche an diesem Ort durchzuführen.

[1]______________ entbindet den Eigentümer des Standorts von jeglicher Haftung für Verletzungen der Teammitglieder und / oder Schäden an der Gruppenausrüstung, die während der Untersuchung entstehen.

[1]______________ übernimmt die Verantwortung für eventuelle Schäden am Objekt während der Untersuchung.

[1]: Name des Teams - [2]: Name des Teamleiters - [3]: Grundstücksadresse

Bedingungen / Einschränkungen / Nicht zu betretende Bereiche

Zutrittsbeschränkungen (Datum/Zeit, falls zutreffend)			
Beginn		Ende	

Vorhandene Schäden am Untersuchungsort

Grundstückseigentümer / Vertreter		Teamleiter / Teammitglied	
Name		Name	
Unterschrift		Unterschrift	
Datum		Datum	

Informationsfreigabeformular:

Privatsphäre und Vertraulichkeit sind für unsere Arbeit sehr wichtig. Das Respektieren des Kundenwunsches nach Privatsphäre hilft, Vertrauen zu der Gruppe zu entwickeln und uns zu ermöglichen, an weiteren Untersuchungen mitzuwirken.

Wir verwenden das Formular zur Informationsfreigabe, um festzulegen, wie wir die während der Untersuchung gesammelten Informationen, Daten und Beweise verwerten.

Informationsfreigabe

[1]______________ respektiert Ihr Recht auf Privatsphäre.

Alle Ihre persönlichen Daten werden vertraulich behandelt.
[1]______________ kann jedoch einige oder alle Informationen und Beweise, die während der Untersuchung gesammelt wurden, für eine mögliche Aufnahme in unsere Website, unseren Newsletter und andere zukünftige Medienüberlegungen verwenden.

Bei der Aufnahme in unsere Website, unseren Newsletter und andere zukünftige Medienüberlegungen wird zu keinem Zeitpunkt Ihre Identität oder Standortadresse verwendet oder veröffentlicht.

Bitte kreuzen Sie den Grad der Vertraulichkeit an, den Sie wünschen:

Unser Forschungsteam darf keinen Teil der Untersuchung an die Öffentlichkeit weitergeben.	○
Unser Forschungsteam darf die Informationen veröffentlichen, sofern die Identität von Zeugen und Kunden sowie der Ort ausgeschlossen sind	○

Grundstückseigentümer / Vertreter		Teamleiter / Teammitglied	
Name		Name	
Unterschrift		Unterschrift	
Datum		Datum	

[1]: Name des Teams

Der Haftungsausschluss besagt, dass alle Informationen vertraulich behandelt werden, doch wenn wir interessante Beweise sammeln, würden man als Team diese gerne auf unserer Website, in unserem Newsletter oder auf andere Art und Weise verwenden.

Für den Eigentümer ist es wichtig zu wissen, dass seine Identität oder die Identität eines Ortes in keinem Fall veröffentlicht wird. Einigen reicht dies jedoch nicht aus und sie wünschen, dass überhaupt nichts veröffentlicht wird, was absolut in Ordnung ist, da es sich um ihre Entscheidung handelt.

Dieses Formular ist der einfachste Weg, um ihre Bedürfnisse und Wünsche zu erkennen. Es erlaubt ihnen, sich entweder für oder gegen die Freigabe der Informationen zu entscheiden und dann das Formular zu unterschreiben.

WÄHREND DER UNTERSUCHUNG

Der während einer Ermittlung verwendete Dokumentationsaufwand ist wesentlich einfacher zu handhaben als die Vorermittlungsunterlagen.

Obwohl er einfacher ist, ist der Dokumentationsprozess sehr wichtig, da er alle unsere Aktivitäten und Ergebnisse während einer Untersuchung aufzeichnet.

Während jeder Untersuchung ist ein Mitglied des Teams damit beauftragt, die Verantwortung für den gesamten Papierkram zu übernehmen und sicherzustellen, dass dieser korrekt und zeitnah ausgefüllt wird.

Zu den Untersuchungsunterlagen und der Dokumentation gehören:

- Erfahrungsprotokolle
- Untersuchungsberichte
- Messergebnisse

Erfahrungsberichte

Die meisten Ermittler haben im Laufe ihrer Ermittlungen schon einmal ein ungewöhnliches Erlebnis gehabt, sei es ein seltsames Gefühl, ein Geruch, das Empfinden einer Berührung oder das ultimative Erlebnis, tatsächlich etwas zu sehen. Wir verwenden das Erfahrungsblatt, um diese Erfahrungen während der Untersuchung zu dokumentieren.

Dieses Dokument ist relativ einfach zu verstehen und auszufüllen.

Zeit / Raum - Selbsterklärende Abschnitte des Formulars. Die Zeit des Erlebnisses muss aufgezeichnet werden und in welchem Raum / Bereich des Standorts die Erfahrung stattgefunden hat.
Gelegentlich hat man die Gelegenheit, denselben Ort mehrmals zu besuchen. Dieses Formular hilft uns, Trends oder Muster zu erkennen. Manchmal können Sie feststellen, dass ähnliche Erlebnisse zur gleichen Zeit in den gleichen Räumen stattfinden, was für die Planung zukünftiger Untersuchungen hilfreich ist.

Beschreibung des Erlebnisses - Was wurde erlebt? Wie lange hat es gedauert? Fügen Sie alle relevanten Informationen hinzu, einschließlich dessen, was der Zeuge zu diesem Zeitpunkt unternommen hat.

Zeuge - Wer hatte das Erlebnis? In dieser Spalte kann mehr als eine Person stehen.

Untersuchungsort		Datum	

Zeit	Raum	Beschreibung des Erlebnisses	Zeuge

Ermittlungsprotokoll

Das Untersuchungsprotokoll ist ein weiteres einfaches Stück Dokumentation, das alle Aktivitäten während der Zeit der Untersuchungen aufzeichnet.
Zum Beispiel Zeiten, zu denen die Nachtwachen beginnen und enden.

Das Dokument wird ebenfalls verwendet, um alle Bewegungen des Bereichs durch die Teams aufzuzeichnen. Diese Bewegungen und ihre Zeiten werden dokumentiert, da Bewegungen eine Menge Lärm innerhalb von Gebäuden verursachen können. Wenn ein anderes Team Geräusche zur gleichen Zeit meldet, zu der sich das ursprüngliche Team bewegt hat, besteht die Möglichkeit, dass es die Bewegung mitbekommen hat.

Zeit	Aktivitäten / Vorkommnisse

Zeit - Zeit eines jeden Ereignisses.

Aktivität/Vorkommnis - Was passierte zu welcher Zeit? Erfassen Sie alle Bewegungen der Teams sowie die Start- und Endzeit aller Aktivitäten, einschließlich der Pausen. Beispiel für Aktivitäten, die wir dokumentieren sind u.a.

- Die Bewegung der Teams von einem Bereich des Untersuchungsortes in einen anderen. Dies ist besonders wichtig, wenn das Team in kleinere Gruppen aufgeteilt wurde, da die Bewegung des Teams Geräusche verursachen kann, die eine andere Gruppe möglicherweise als paranormales Ereignis wahrnimmt.
- Die Start- und Endzeiten aller Aktivitäten, einschließlich Wachen.
- Beginn und Ende der Pausenzeiten.
- Unerwartete Besucher am Untersuchungsort.

Datenblatt Messungen:

Während einer Untersuchung verwendet das Team eine Reihe von Geräten, um die Raumtemperatur, die relative Luftfeuchtigkeit im Raum und die EMF zu messen.

Triggerobjekte werden in aktiveren Räumen an Orten verwendet. Wenn wir Triggerobjekte hinterlassen, legen wir sie immer auf ein Stück glattes Papier und zeichnen um das Objekt herum. Manchmal besteht auch die Möglichkeit, eine auf das Objekt fokussierte Kamera zu platzieren.

Wir verwenden das Messblatt, um alle Messungen und Beobachtungen festzuhalten, die mit den Geräten und mit den Auslöseobjekten während der Untersuchungen gemacht werden. Es ist wichtig zu erkennen und sich daran zu erinnern, dass sich bei einer Untersuchung die Raumtemperatur und die relative Luftfeuchtigkeit im Laufe der Nacht natürlich ändern werden. Es ist ebenso bedeutsam zu wissen, dass sich die Messwerte ändern werden, wenn sich ein Team zum ersten Mal in einem Raum mit Monitoren befindet. Das Team bringt Körperwärme in den Raum ein, wodurch sich die Temperatur im Raum geringfügig erhöht.

Aus diesem Grund nehmen wir Messungen vor, sobald wir die Räume betreten, bevor unsere Anwesenheit die Möglichkeit hat, den Standort zu beeinflussen, und wir nehmen dann Messungen vor, wenn wir den Bereich verlassen.

Untersuchungsort		Datum	

Raum	Zeit	Temp °C	Luft %	EMF	Triggerbewegung	Teammitglied
	I					
	A					
	I					
	A					

I = Innen A = Aussen

EVP - DATENERFASSUNG

Konfigurationsblatt

Das Konfigurationsblatt dient dazu, die in dieser Untersuchung verwendete Ausrüstung zu protokollieren. Zu Beginn der Untersuchung wird hier die verwendete Ausrüstung notiert. Zusätzlich sollte die Lage aller festen Messpunkte protokolliert werden. Wenn die Geräte im Laufe der Untersuchung verschoben oder neu positioniert werden, sollte ein zweites Konfigurationsblatt für diese Konfiguration ausgefüllt werden.

Auf jeder Seite sind zwei Protokolle vorgesehen. Wenn zusätzliche Einstellungen vorgenommen werden, drucken Sie bei Bedarf zusätzliche Einrichtungsblätter aus.

Zeile 1 - Verwendete Audiogeräte. In diesen Zeilen ist die bei dieser Untersuchung verwendete Ausrüstung zu erfassen. Geben Sie alle Audio-Hardware an, die direkt im überwachten Bereich verwendet wurde. Dazu gehören Mikrofone, Aufnahmegeräte, Mischpulte, dynamische EMF-Sensoren, Kameras mit Audioaufnahmefunktion usw. Die Marke und das Modell sollten für jedes Gerät aufgezeichnet werden, falls zutreffend.

Zeile 2 - Verwendete Hilfsmittel. In diesen Zeilen sind alle Geräte aufzulisten, die in diesem Bereich verwendet werden, aber nicht direkt mit der EVP-Studie zusammenhängen. Dies würde beispielsweise statische EMF-Monitore, Kameras ohne Audiofunktion, Bewegungsmelder, etc. beinhalten.

Zeile 3 - Mögliche Störquellen. In dieser Liste können Sie alles notieren, was die Quelle einer falschen EVP sein könnte. Der Ort sollte untersucht und alles, was Lärm verursacht, elektromagnetische Felder erzeugt, Vibrationen erzeugt usw., sollte hier vermerkt werden. Dazu gehören z.B. nahegelegene Autobahnen, Motoren, Fernsehgeräte in angrenzenden Räumen, Öfen und Klimaanlagen, Computer usw. Wenn möglich, sollten diese Geräte ausgeschaltet werden, wenn dies jedoch nicht möglich ist, sollten sie hier erfasst werden und der Ermittler sollte sich bewusst sein, dass sie falsche EVPs erzeugen könnten.

Zeile 4 - Layout des Ermittlungsbereichs. Dieser Bereich der Seite wird frei gelassen, damit der Ermittler eine Skizze anfertigen kann, wo sich die Geräte im Aufnahme befinden Sollen mehrere Räume gleichzeitig überwacht werden, zeichnen Sie den Grundriss und markeiren Sie die ungefähre Position der Mikrofone, Detektoren und aller anderen anderer Geräte, die im Aufnahmebereich positioniert sind. Zeigen Sie ggf. auch den Standort des Aufnahme- und Kontrollpunkts an. Schließen Sie Elemente wie Bewegungsmelder und Kameras ein, wenn sie im Zielbereich platziert sind.

Echtzeit-Protokoll

Das Echtzeit-Protokoll ist dazu gedacht, ein laufendes Protokoll aller Ereignisse zu erstellen, sobald die Überwachungssitzung begonnen hat. Es enthält vier Spalten auf dieser Seite, nämlich Zeile, Zeit, Ereignis und Zeuge.
Der „**Zeilen**"-Eintrag soll einfach ein fortlaufendes Nummerierungssystem für jeden Eintrag des gesamten Protokolls bereitstellen.
Der Eintrag „**Zeit**" dient dazu, die Zeit des Ereignisses zu protokollieren.
Halten Sie die Art des Ereignisses in der Zeile „**Ereignis**" fest.
Schließlich sollte der Ermittler, der Zeuge oder Verursacher des Ereignisses war, den Eintrag in der Spalte „**Zeuge**" signieren.

Alle Ereignisse, die mit dieser Sitzung zusammenhängen, sollten protokolliert werden, unabhängig davon, ob sie unerklärt sind oder nicht. Dies beinhaltet auch Dinge wie Bandwechsel, EMF-Aktivierung usw. Wenn das Überwachungsgerät umkonfiguriert wird, sollten ein neues Einrichtungsblatt und ein Echtzeitprotokoll für die neuen Standorte erstellt werden.

EVP-Zusammenfassung nach Abschluss der Untersuchung

Diese Seite wird ausgefüllt, nachdem die Ermittlung vor Ort abgeschlossen ist. Alle durchgeführten Aufzeichnungen werden ausgewertet und alle aufgezeichneten EVP werden von den Originalbändern isoliert. Die EVP wird gemäß den in der Bewertungsübersicht angegebenen Faktoren eingestuft. Jede abgehörte EVP wird auf dieser Seite entsprechend der auf dem Echtzeitprotokoll aufgezeichneten Zeit festgehalten. Auf jedem Zusammenfassungsblatt ist Platz für zwei Einträge. Wenn mehr erforderlich ist, fügen Sie zusätzliche Seiten hinzu.

Geben Sie die Zeit, die Klassifizierung und die Art der angewendeten Beabeitung (falls vorhanden) in die erste Zeile ein.

Notieren Sie Ihren persönlichen Eindruck von dem, was die EVP sendet, in der zweiten Zeile.

Falls externe Stimuli angewendet wurden, wie z. B. ein elektromagnetisches Feld, um eine Reaktion in dem Bereich hervorzurufen, tragen Sie dies hier ein.

Wenn die EVP eine Antwort auf eine Frage ist, die Sie gestellt haben, oder eine Antwort auf ein Gespräch, notieren Sie Ihre Frage in dieser Zeile.

„Andere aufgezeichnete Geräusche" ist ein Punkt, an dem Fremdgeräusche aufgelistet werden, die mit etwas anderem verwechselt werden könnten. Das Anlassen von Motoren, Verkehr oder das Klingeln von Telefonen gehören zu den Dingen, die hier festgehalten werden sollten.

EVP - Datenerfassung

Ausführender Ermittler	

Untersuchungsort		Datum	

Anwesende Ermittler	

Gerätekonfiguration

Verwendete Audiogeräte	
Marke	Modell

Verwendete Hilfsmittel	
Marke	Modell

Mögliche Störquellen	
Raum	Quelle

EVP - Datenerfassung

Blatt 2 von 5

Grundriss Aufnahmebereich

Grundriss Untersuchungsort EVP

Legende:

EVP 1		Kamera 1	
EMF 1		Kamera 2	
EMF 2		Video	

EVP - Datenerfassung Blatt 3 von 5

Echtzeit-Protokoll			
Nr	Zeit	Ereignis	Zeuge

EVP - Datenerfassung

Blatt 4 von 5

Qualitätseinstufung (EVP-Forschungsstandard)

A	O	Wird ohne jegliche Signalverarbeitung gehört und klar verstanden. Wie eine gewöhnliche Stimme.
B	O	Verarbeitet mit analoger Filterung, aber der Inhalt kann von den Anwesenden größtenteils entschlüsselt werden. Es gibt kaum Unstimmigkeiten darüber, was aufgenommen wurde
C	O	Wurde mit analoger Filterung verarbeitet, ist aber trotzdem schwer zu verstehen. Potenzielle Unstimmigkeiten über den Inhalt.
D	O	Digitale Verarbeitung verwendet, um überhaupt etwas erkennen zu können. Uneinigkeit über den Inhalt, einige hören evtl. überhaupt nichts.
E	O	Die Mehrzahl hört nichts; einige behaupten, eine Stimme zu hören. Die Verarbeitung kann dazu führen, dass unterschiedliche Nachrichten gehört werden.

Inhaltliche Einstufung

1	O	Einfacher Bezug zur Umgebung. Zum Beispiel: Ein gefallener Soldat, der die Schlacht erwähnt etc.
2	O	Ohne Bezug, aber bedeutungsvoll, z. B. eine Aussage „Ich liebe dich". Könnte für jeden aber auch für niemanden der Anwesenden sein.
3	O	Kauderwelsch. Bedeutungslose Wortgruppen, die aber noch als Wörter oder Sätze erkennbar sind.
4	O	Äußerungen. Vokalisierte Laute, die keine Wörter sind. Beinhaltet Grunzen und Stöhnen.*
5	O	Nicht vokalisierte Laute. Klopfen, Ploppen, Schritte, etc.

Quelleneinstufung

M	O	Mehrere Stimmen werden gehört, eine Unterscheidung ist nicht möglich.
U	O	Geschlecht oder Alter kann nicht bestimmt werden.
W	O	Stimme ist eindeutig die eines Kindes.
X	O	Stimme ist eindeutig die einer Frau.
Y	O	Stimme ist eindeutig die eines Mannes.
Z	O	Aufnahme ist ein Tierlaut (Bellen, Miauen, nur Lautäußerungen).

* Bevor Sie hier klassifizieren, stellen Sie sicher, dass es sich nicht um eine Fremdsprache handelt, die eigentlich in die Klassen 1-3 gehören sollte.

** Beachten Sie, dass viele EVPs Teile enthalten können, die in mehrere Kategorien fallen. Teile können deutlich sein und dann ausklingen. Den vokalisierten Lauten können nicht-vokalisierte Geräusche vorausgehen oder folgen. Daher kann eine bestimmte EVP mehrere Klassifizierungen haben. Wenn Sie die gesamte EVP klassifizieren, verwenden Sie die vorherrschenden Merkmale.

EVP - Datenerfassung

EVP-Zusammenfassung

Um Ihre EVP zu klassifizieren, wählen Sie den entsprechenden Buchstaben aus der ersten Spalte, eine Zahl aus der zweiten Spalte und schließlich einen Buchstaben aus der dritten Spalte. Tragen Sie diese Einstufung unter „Klassifizierung" in der EVP-Zusammenfassung ein.

EVP 1

Zeit	Klassifikation	Bearbeitet	Art der Bearbeitung
		☐ Ja ☐ Nein	

Abschrift der Audiodatei

Wurden externe Stimuli angewendet?	Art der angewendetenStimuli
☐ Ja ☐ Nein	

Gestellte Fragen oder Konservation

Wurden andere Geräusche oder Töne aufgenommen? ☐ Ja ☐ Nein			
Zeit	Klassifikation	Bearbeitet	Art der Bearbeitung
		☐ Ja ☐ Nein	

EVP 2

Zeit	Klassifikation	Bearbeitet	Art der Bearbeitung
		☐ Ja ☐ Nein	

Abschrift der Audiodatei

Wurden externe Stimuli angewendet?	Art der angewendetenStimuli
☐ Ja ☐ Nein	

Gestellte Fragen oder Konservation

Wurden andere Geräusche oder Töne aufgenommen? ☐ Ja ☐ Nein			
Zeit	Klassifikation	Bearbeitet	Art der Bearbeitung
		☐ Ja ☐ Nein	

NACH DER UNTERSUCHUNG

Nach jeder Untersuchung fassen wir die gesamte Dokumentation zusammen, die im Laufe der Untersuchung erstellt wurde, und verfassen einen Bericht über die Untersuchung.

Anwesende Ermittler - Die Auflistung aller an der Untersuchung beteiligten Ermittler.

Anwesende Gäste - Führen Sie alle Personen auf, die bei der Untersuchung anwesend waren, aber nicht zum Team gehörten.

Videoüberwachung - Angabe der stationär (fest) videoüberwachten Räume.

Platzierte Trigger-Objekte - Geben Sie an, in welchen Räumen des Standorts Sie Trigger-Objekte platziert haben, und um welche Trigger-Objekte es sich handelt.

Aufzeichnung von Ereignissen - In diesem Abschnitt werden die während der Untersuchung gesammelten Untersuchungsprotokolle verwendet. Alle Daten werden in diesem Abschnitt in zeitlicher Reihenfolge zusammengestellt und aufgezeichnet.

Zusammenfassung - Skizzieren Sie die Ergebnisse und Eindrücke der gesamten Untersuchung.

Erklärung - Die Erklärung wird von der/den Person(en), die den Bericht geschrieben hat/haben, und anderen Teammitgliedern, die den Bericht gelesen haben, unterzeichnet. Mit der Unterzeichnung der Erklärung bestätigen die Mitglieder der Untersuchung, dass der Bericht ein wahrheitsgetreuer Bericht über die Ermittlung ist.
Eine Kopie des Berichts wird an alle Mitglieder der Gruppe gesendet, die an der Untersuchung teilgenommen haben. Eine Kopie des Berichts und aller relevanten Fotos, Videoaufnahmen und EVP-Ergebnisse wird an die Person gesendet, die uns zu dieser Ermittlung beauftragt hat.

Wichtig: Zu der Dokumentation sollten noch alle Datenblätter der Messungen beigefügt werden.

Vollständiger Untersuchungsbericht

Untersuchungsort		Datum	

Anwesende Ermittler	

Anwesende Gäste	

Videoüberwachung	

Platzierte Trigger-Objekte	

Ereignisprotokoll	
Datum / Zeit	Ereignis

Zusammenfassung

Wir erklären, dass dies ein wahrheitsgetreuer Bericht über eine von ____________________durchgeführte Untersuchung ist und dass der Bericht der Ereignisse unter Zuhilfenahme von Messungen und schriftlichen Aufzeichnungen der Ereignisse, die während der Untersuchung stattfanden, verfasst wurde.

Name	Unterschrift	Datum

Untersuchungsbericht für Ermittler

Diese Vorlage für einen paranormalen Untersuchungsbericht enthält alle grundlegenden Informationen, die der Ermittler benötigt, um die Aktivitäten während und nach einer Untersuchung ordnungsgemäß zu berichten und zu dokumentieren. Diese Vorlage enthält Felder, in die Sie alle relevanten Informationen eintragen können, einschließlich:

- Kunden- und Ortsangaben
- Details zur Ausrüstung
- Ursachenerklärung
- Protokoll des Untersuchungszeitplans
- Protokoll der Beweismittelprüfung
- Zusammenfassung des Beweismaterials
- Zusammenfassung und Vorschläge zur Weiterverfolgung

Wir bieten auch eine Version für den Teamleiter, in der der Leiter des Untersuchungsteams alle Berichte der Ermittler zur Überprüfung und Analyse zusammenfassen kann, um Folgemaßnahmen und Schlussfolgerungen festzulegen.

UNTERSUCHUNGSBERICHT

Blatt 1 / 3

ERMITTLER

Kunde / Untersuchungsort:		Datum d. U:	
Name des Ermittlers:		Berichtsdatum:	
Beginn der Untersuchung:		Ende:	

Beobachtungen vor Ort
Beschreiben Sie Ihre Beobachtungen am Untersuchungsort und geben Sie den Zustand des Grundstücks und der Umgebung an. Bitte seien Sie so detailliert wie möglich und notieren Sie alle Veränderungen der Umgebung im Verlauf der Untersuchung.

Art des Objekts:	☐ privat ☐ gewerblich
Zustand des Objekts:	
Kontaktname / Kontaktadresse:	
Wetterbedingungen:	
Bemerkungen:	

Verwendete Ausrüstung
Listen Sie die Ausrüstung auf, die Sie während der Untersuchung verwendet haben, einschließlich des Modells. Geben Sie die Geräteeinstellungen und eventuell angebrachtes Zubehör an.

Typ / Modell	Einstellungen und verwendetes Zubehör

Ursachenerklärungen
Listen Sie mögliche oder nachgewiesene natürliche Erklärungen für die gemeldeten Aktivitäten auf.

Zeit	Gemeldeter Vorfall	Erklärung der Ursache

Zeitleistenprotokoll der Untersuchung
Listen Sie alle gesammelten Beweise, Beobachtungen und Ereignisse während der Untersuchung auf. Bitte seien Sie so anschaulich wie möglich.

Zeit	Beweise, Beobachtungen & Ereignisse

UNTERSUCHUNGSBERICHT (FORTSETZUNG)

Blatt 2 / 3

ERMITTLER

Zeitleistenprotokoll der Untersuchung (Fortsetzung)	
Zeit	Beweise, Beobachtungen & Ereignisse

Beweisüberprüfung
Listen Sie alle potenziellen Beweismittel auf, die bei der Überprüfung der Nachweise gesammelt wurden. Notieren Sie die Art der Beweise und beschreiben Sie die Begleitumstände des Ereignisses.

Zeit	Beweismittel	Beschreibung/Speicherort
	☐ Video ☐ Foto ☐ Audio ☐ andere	
	☐ Video ☐ Foto ☐ Audio ☐ andere	
	☐ Video ☐ Foto ☐ Audio ☐ andere	
	☐ Video ☐ Foto ☐ Audio ☐ andere	
	☐ Video ☐ Foto ☐ Audio ☐ andere	
	☐ Video ☐ Foto ☐ Audio ☐ andere	
	☐ Video ☐ Foto ☐ Audio ☐ andere	
	☐ Video ☐ Foto ☐ Audio ☐ andere	

Auffälligkeiten
Beschreiben Sie alle auffälligen Beweise, Erfahrungen, Beobachtungen oder entkräftete Behauptungen, die oben dokumentiert wurden und die für das Ergebnis oder die Klärung dieser Ermittlung von Bedeutung sein könnten. Beschreiben Sie mögliche natürliche Ursachen für Ihre Feststellungen und notieren Sie unterstützendes Material.

UNTERSUCHUNGSBERICHT (FORTSETZUNG) Blatt 3 / 3

ERMITTLER

Zusammenfassung & Vorschläge
Bitte fassen Sie Ihre Gedanken zu dieser Untersuchung zusammen und notieren Sie Ihre Vorschläge zur Weiterverfolgung oder Lösung dieses Falles

Für die Richtigkeit der Angaben:

Datum:

Unterschrift:

Untersuchungsbericht für Teamleiter

Diese Vorlage für einen paranormalen Untersuchungsbericht ist speziell für den Leiter eines Untersuchungsteams zugeschnitten. Sie enthält alle grundlegenden Informationen, die der Teamleiter benötigt, um die Aktivitäten des Teams während und nach einer Untersuchung ordnungsgemäß zu berichten und zu dokumentieren. Der Zweck dieses Berichts ist es, die Berichte der Ermittler in einem allumfassenden Detail für die Analyse zusammenzustellen und zusammenzufassen. Diese Vorlage enthält Felder, in die Sie alle sachdienlichen Informationen eintragen können, darunter:

- Kunden- und Standortdetails
- Details zum Untersuchungsteam
- Details zur Ausrüstung
- Widerlegungsbericht
- Protokoll des Untersuchungszeitplans
- Protokoll der Beweismittelprüfung
- Zusammenfassung des Beweismaterials
- Zusammenfassung und Vorschläge zur Weiterverfolgung
- Empfohlene nächste Schritte

UNTERSUCHUNGSBERICHT Blatt 1 / 4

TEAMLEITER

Kunde / Untersuchungsort:		Datum d. U:	
E-Mail:		Telefon:	

Name des Ermittlers:		Berichtsdatum:	
Beginn der Untersuchung:		Ende:	

Ermittler
Führen Sie alle bei dieser Untersuchung anwesenden Ermittler auf. Führen Sie ggf. spezifische Positionen auf, die jedem Ermittler zugewiesen sind (d. h. Leitung, technischer Support, Kundenverbindung, Medium usw.)

Name	Funktion f. d. Untersuchung	Benutztes Gerät

Beobachtungen vor Ort
Beschreiben Sie Ihre Beobachtungen am Untersuchungsort und geben Sie den Zustand des Grundstücks und der Umgebung an. Bitte seien Sie so detailliert wie möglich und notieren Sie alle Veränderungen der Umgebung im Verlauf der Untersuchung.

Art des Objekts:	☐ privat ☐ gewerblich
Zustand des Objekts:	
Kontaktname / Kontaktadresse:	
Wetterbedingungen:	
Bemerkungen:	

Ursachenerklärungen
Listen Sie mögliche oder nachgewiesene natürliche Erklärungen für die gemeldeten Aktivitäten auf.

Zeit	Gemeldeter Vorfall	Erklärung der Ursache

UNTERSUCHUNGSBERICHT (FORTSETZUNG) Blatt 2 / 4

TEAMLEITER

Zeitleistenprotokoll der Untersuchung

Zeit	Ermittler	Beweis oder Beobachtung

UNTERSUCHUNGSBERICHT (FORTSETZUNG) Blatt 3 / 4

TEAMLEITER

Zeit	Beweismittel	Beschreibung/Speicherort
	☐ Video ☐ Foto ☐ Audio ☐ andere	
	☐ Video ☐ Foto ☐ Audio ☐ andere	
	☐ Video ☐ Foto ☐ Audio ☐ andere	
	☐ Video ☐ Foto ☐ Audio ☐ andere	
	☐ Video ☐ Foto ☐ Audio ☐ andere	
	☐ Video ☐ Foto ☐ Audio ☐ andere	
	☐ Video ☐ Foto ☐ Audio ☐ andere	
	☐ Video ☐ Foto ☐ Audio ☐ andere	
	☐ Video ☐ Foto ☐ Audio ☐ andere	
	☐ Video ☐ Foto ☐ Audio ☐ andere	
	☐ Video ☐ Foto ☐ Audio ☐ andere	
	☐ Video ☐ Foto ☐ Audio ☐ andere	
	☐ Video ☐ Foto ☐ Audio ☐ andere	
	☐ Video ☐ Foto ☐ Audio ☐ andere	
	☐ Video ☐ Foto ☐ Audio ☐ andere	
	☐ Video ☐ Foto ☐ Audio ☐ andere	
	☐ Video ☐ Foto ☐ Audio ☐ andere	
	☐ Video ☐ Foto ☐ Audio ☐ andere	
	☐ Video ☐ Foto ☐ Audio ☐ andere	
	☐ Video ☐ Foto ☐ Audio ☐ andere	
	☐ Video ☐ Foto ☐ Audio ☐ andere	

UNTERSUCHUNGSBERICHT (FORTSETZUNG) Blatt 4 / 4

TEAMLEITER

Zusammenfassung & Anregungen

Bitte fassen Sie Ihre Gedanken zu dieser Untersuchung zusammen und notieren Sie Ihre Vorschläge zur Weiterverfolgung oder Lösung dieses Falles.

Wird eine Nachuntersuchung empfohlen? ☐ Ja ☐ Nein

Vorschlag für nächste Schritte:

Für die Richtigkeit der Angaben:

Datum:

Unterschrift:

Der Masterbericht

Auf den nachfolgenden Seiten finden Sie den in Kapitel 12 erwähnten Masterbericht, der aus einer vollständigen Auflistung der aufgenommenen Fotos, Aufnahmezeiten usw. besteht.

Diesen Bericht sollten Sie nicht nur intern verwenden - er eignet sich ebenfalls als Abschlussbericht für den Kunden.

UNTERSUCHUNGSBERICHT

Fall Nr. ___ Objekt:_______________ Ort:_______________

Sehr geehrte/r Herr/ Frau__________________,

Wir möchten uns dafür bedanken, dass Sie uns erlaubt haben, in Ihrem Haus eine Untersuchung der mutmaßlichen paranormalen Ereignisse durchzuführen, von denen berichtet wurde. Anbei finden Sie die individuellen Berichte von jedem der Ermittler, die diese Untersuchung durchgeführt haben. Die Ergebnisse sind unsere Interpretation der physischen Beweise und anderer Eindrücke, die während der Untersuchung gewonnen wurden.

Datum der Untersuchung:

Zeit:

Ort der Untersuchung:

Wetterinformationen		
Minimale Temperatur	Mittlere Temperatur	Maximale Temperatur
°C	°C	°C
Luftdruck und Taupunkt		
Luftdruck auf Meereshöhe (QNH)	Mittlerer Taupunkt	
hPa	°C	
Niederschlag		
Gesamtniederschlag	Sichtweite	Schneehöhe
%	km	cm
Windgeschwindigkeit und Böen		
Mittlere Windgeschwindigkeit	Maximal anhaltend	Maximale Böe
km/h	km/h	km/h
Ermittler am Untersuchungsort		

Verwendete Ausrüstung	

Beweismittel Fotos	
Anzahl der digitalen Fotos insgesamt	
Anzahl der positiven digitalen Fotos insgesamt	
Anzahl der IR-Digitalfotos insgesamt	
Anzahl der positiven IR-Digitalfotos insgesamt	
Anzahl der Vollspektrum-Digitalfotos insgesamt	
Anzahl der positiven Vollspektrum-Digitalfotos insgesamt	

Beweismittel Audio	
Gesamtlänge der Audioaufnahmen	
Anzahl positive EVP	

Beweismittel Videokamera (Camcorder)	
Gesamtdauer der Videoaufnahmen	
Positive Videoclips insgesamt	
Gesamte positive Video-EVP	
Gesamtlänge der Audioaufnahme von Video	
Gesamte positive EVP	

Beweismittel DVR (Digitale Videoaufzeichnung)	
Anzahl der verwendeten Kameras	
Gesamtlänge der Videoaufzeichnung	
Gesamte positive Video-EVP	
Gesamtlänge der Audioaufnahme von Video	
Gesamte positive Videoclips	

Positive anomale EMF-Messwerte pro verwendetem Messgerät:	
Trifield Natural EMF-Detektor	
Cellsensor EMF-Detektor	
KII EMF-Detektor	
Osun EMF-Detektor	
E.L.F. Zone EMF-Detektor	
Digitaler EMF-Melder	
Mel 8704 EMF-Melder	

Positive anomale Temperaturänderungen pro Gerät	
Kontaktlose IR-Thermometer	
Mel 8704 Thermometer	

Gesamte positive Bewegungssensor-Messwerte

Team-Zusammenfassung

Eindrücke

Zusammenfassung der physischen Beweise

Schlussfolgerung

Für die Richtigkeit der Angaben:

Datum:

Unterschrift:

Abschließend möchte ich noch einmal darauf aufmerksam machen, dass es wirklich keine Einheitsgröße gibt, wenn es um die Untersuchung des Paranormalen geht. Während ich in diesem Leitfaden rationale Alternativen für typische Erfahrungen und Reaktionen angeboten habe, erklärt das nicht alles. Ebenso ist nicht jede aufgezeichnete Stimme oder jedes Geräusch paranormal. Diejenigen, die seit vielen Jahren forschen, haben vielleicht eine bevorzugte Methode, die sie seit langem anwenden und mit der sie gute Ergebnisse erzielen.

Ähnlich wie die Pioniere vor uns, tun wir alle das, was für uns funktioniert, und es wird immer Kritiker geben. Darum geht es in diesem Leitfaden nicht. Es geht nicht darum, Ihnen zu sagen, ob Sie etwas gefangen haben oder nicht, und es geht nicht darum, ob Sie etwas erlebt haben oder nicht. Wir sind alle unterschiedlich. Wir arbeiten alle unterschiedlich und machen unterschiedliche Erfahrungen. Die Realität ist, dass keiner von uns die Antworten hat. Wenn wir sie hätten, hätten viele von uns schon längst aufgehört zu suchen.

Ich hoffe, dass Ihnen Teile oder sogar der gesamte Leitfaden gefallen haben, und ich hoffe, dass Sie in den kommenden Wochen, Monaten und Jahren darauf zurückgreifen werden. Vor allem aber möchte ich Ihnen dieses Handbuch überlassen, damit Sie es selbst erweitern können, um es wirklich zu Ihrem eigenen zu machen. Fügen Sie Ihre Gedanken, Ihre Ideen hinzu. Schreiben Sie auf, was für Sie funktioniert und was nicht. Notieren Sie neue Experimentierideen oder neue Aufnahmemethoden.

Tragen Sie dieses Buch bei sich und aktualisieren Sie Ihre Gedanken und Erkenntnisse. Es wurde so konzipiert, dass es genau auf Sie zugeschnitten ist.

Notizen

FSC
www.fsc.org
MIX
Papier | Fördert gute Waldnutzung
FSC® C083411

Zeitfracht Medien GmbH
Ferdinand-Jühlke-Straße 7
99095 Erfurt, Deutschland
produktsicherheit@kolibri360.de